高等职业院校
劳动教育与实践教程

主　编　高　平　朱利莎
副主编　裴　直　程　婷　李迎春　覃昌辉

电子科技大学出版社
University of Electronic Science and Technology of China Press
·成都·

图书在版编目（CIP）数据

高等职业院校劳动教育与实践教程 / 高平主编. —
成都：电子科技大学出版社，2023.6
ISBN 978 - 7 - 5647 - 9707 - 2

Ⅰ. ①高… Ⅱ. ①高… Ⅲ. ①劳动教育 - 高等职业教
育 - 教材 Ⅳ. ①G40 - 015

中国版本图书馆 CIP 数据核字（2022）第 101258 号

高等职业院校劳动教育与实践教程
高　平　主编

策划编辑　陈松明　熊晶晶
责任编辑　魏祥林

出版发行　电子科技大学出版社
　　　　　成都市一环路东一段 159 号电子信息产业大厦九楼　邮编 610051
主　　页　www. uestcp. com. cn
服务电话　028 - 83203399
邮购电话　028 - 83201495

印　　刷　天津市蓟县宏图印务有限公司
成品尺寸　185mm × 260mm
印　　张　12. 25
字　　数　205 千字
版　　次　2023 年 6 月第 2 版
印　　次　2023 年 6 月第 1 次印刷
书　　号　ISBN 978 - 7 - 5647 - 9707 - 2
定　　价　49. 80 元

Preface 前言

　　劳动教育是学习和践行马克思主义的内在要求，是全面贯彻党的教育方针，培养社会主义建设者和接班人的必由之路。2022 年 10 月，党的二十大报告再次强调，"培养德智体美劳全面发展的社会主义建设和接班人""尊重劳动、尊重知识、尊重人才、尊重创造"。二十大报告中劳动教育的强调，就是在要求学校通过劳动教育，使学生能够理解和形成正确的劳动观，树立劳动最光荣、劳动最崇高、劳动最伟大、劳动最美丽的观念，体会劳动创造美好生活，体认劳动不分贵贱，热爱劳动，尊重普通劳动者，培养勤俭、奋斗、创新、奉献的劳动精神，具备满足生存发展需要的基本劳动能力，形成良好劳动习惯。二十大报告的重要论述，为高职院校扎实开展新时代劳动教育指明了方向，设立劳动教育必修课，恰逢其时。

　　为适应新时代国家发展战略、社会发展要求，以及学生的发展需求，高等职业院校应加强劳动教育，培育时代新人，实现育人和育才的统一。在紧扣劳动教育总目标的前提下，本书内容包括劳动与劳动精神、工匠与工匠精神、劳模与劳模精神、新时代的创新与创新精神、劳动与法律五大专题，形成了"一线锤炼劳动体魄，课堂传承劳动精神"的教学格局。同时，本教材还插入紧跟时代的案例和阅读材料，让学生由案例引发思考，探究其基本理论，再通过一定的实践活动，巩固所学并内化提升。

　　本教材在设计开发时，特别强调以下四个方面的设计，以突出教材专题化、内容实用化、实践方式多样化等特点，使得本教材不仅可教可学，还可读可思，可用可练。

　　（1）突出课程思政的特性。本教材从劳动教育的视角，帮助学生树立正确的哲学观、实践观和价值观，让学生从思政教育的高度理解劳动的价值，激发学生热爱劳动、崇尚劳动、乐于劳动的内在动力，以实现职业教育"德技并修"的培养目标。

　　（2）突出教材新形态的特性。一方面，本教材符合并满足课堂教学需求，具备引导性、专业性和职业导向性；另一方面，本教材具有自由性与灵活性的特点，能实现教材结构化、专题化和重组化。本教材既能系统地展现劳动教育的理论知识，又有沉浸式劳动教育主题实践活动，可以为学生的自主探究创造宽松的环境。本教材既可以为学生劳动精神与劳动态度的形成提供完整的知识支撑，又可以为学生提供具体的实践指导。本教材设计了"课堂导入""知识研修""课内游戏""课外实践"等理论学习与实践活动环节，用知识支撑实践，用实践升华知识，促使学生在内在精神、思想、观点、体验与外在行为、动作、活动等方面实现高效率的相互转化。

（3）突出产教融合的特性。本教材专门邀请了在2018年"渝北区十佳新型职业农民"、2021年"重庆市百名新型职业农民"、重庆市劳动模范覃昌辉，渝北区人大代表、四川发现（重庆）律师事务所主任李迎春参与教材编写工作。他们既指导了整本教材的架构设计，使学校教育与企业需求相匹配，又融入了他们的劳动经历来加深学生对劳动的理性认知与感性体悟。

（4）突出时代创新的特性。劳动创造历史，劳动开创未来。热爱劳动、崇尚劳动是每一个时代的人都应该具有的基本的劳动观念，但劳动教育作为一种教育活动，其教育内容和教育目标必然有着时代性。新时代需要培育时代新人。一方面，通过劳动的内容教育，学生可以树立正确的劳动观点、积极的劳动态度和良好的劳动习惯等，以提升自身的劳动素养；另一方面，通过劳动这种形式的教育，学生在身体力行中可以树立高尚的品德、增长智力、锻炼身体和培养审美能力。

本教材由重庆工商职业学院高平、重庆电讯职业学院朱利莎担任主编；重庆电讯职业学院裴直、程婷及行业企业能工巧匠李迎春、覃昌辉担任副主编。其中，专题一由高平编写，专题二由朱利莎编写，专题三由裴直编写，专题四由程婷编写，专题五由李迎春和覃昌辉编写。

编写组依据劳动教育总体目标和相关知识材料进行梳理与开发，完成了对本书的编写。虽然编写组已尽最大努力，但是由于编写能力与水平有限，书中难免存在疏漏与不足之处，真诚欢迎广大读者批评指正。

编　者

Contents

目录

专题一 劳动与劳动精神

专题引入

目标要求

一、知识目标

1. 了解马克思主义劳动观的形成与发展过程。

2. 理解劳动在人类进化和人类社会产生过程中的推动作用。

3. 理解新时代劳动精神的内涵。

二、能力目标

1. 明确劳动创造人类、劳动创造历史、劳动创造幸福生活的理念，自觉反对唯心主义与享乐主义等迷信思想和错误观念。

2. 在实践中传承与发扬崇尚劳动、热爱劳动、辛勤劳动、诚实劳动的劳动精神。

三、素质目标

1. 科学认识"自然界—劳动—人类社会"的关系，树立正确的马克思主义劳动价值观。

2. 形成对分内事与分外事、苦差事与美差事的正确态度，懂得要下苦功夫才能练就真本领、掌握硬技术。

课程思政

　　在中华民族的发展历史与现实实践中,劳动彰显了其除旧布新、成就辉煌的非凡力量。高职院校学生应在实践中树立劳动最光荣、劳动最伟大的观念,旗帜鲜明地反对享乐主义与拜金主义。在劳动中奉献人民、服务社会,于中华民族的追梦路上诚实劳动、不负韶华,不挟私耍滑、不弄虚作假;在劳动中勤于思考、善于发现,于新时代的广阔舞台上成长成才、铸就辉煌,不坐享其成、不贪图享乐;在劳动中磨砺意志、锤炼品格,于民族复兴的大业中顽强乐观、锐意进取,不做"佛系"青年、不过"躺平"人生。青年强则国家强,高职院校学生应具备朝气蓬勃、努力奋进的气质风貌,通过劳动创造价值,在劳动中实现自我价值、自我发展与自我超越,积极投身于社会发展洪流,让青春绽放光彩。

知识结构图

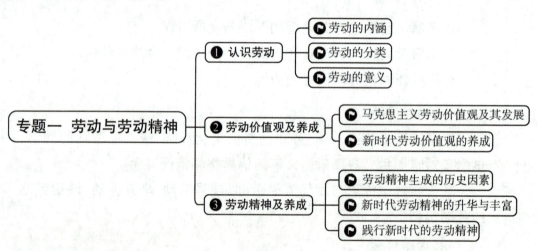

课堂导入

　　请仔细阅读以下问题,并将"是"或"否"填入表1-1的相应位置。

表1-1　课堂导入回答

序号	问题	是/否
1	你是否在家承担家务?	
2	你是否动手维修过家电、家具等?	

序号	问题	是/否
3	你是否认为劳动有利于身心健康?	
4	你是否认为劳动有益于推动社会进步?	
5	你是否认为劳动没有贵贱之分?	
6	你是否认为脑力劳动和体力劳动同等重要?	
7	你是否会接受组织安排给你的劳动任务?	
8	你是否愿意承担劳动任务中的"苦差事"?	
9	你是否主动承担劳动任务中的"分外事"?	

以上问题中,回答"是"越多,说明你越具备劳动的意识与精神。

习近平指出:"劳动是一切幸福的源泉。"人间万事出艰辛,一勤天下无难事。人世间的美好,需要用热爱劳动之情去拥抱;人生发展中的各种难题,需要通过辛勤劳动去解决;生命中的一切辉煌,需要通过诚实劳动去铸就。崇尚劳动、热爱劳动、辛勤劳动、诚实劳动,是人生出彩的金钥匙,也是创造美好生活的必经之路。

劳动是素质教育的重要组成部分,青年大学生不会劳动、不爱劳动,是成长的"偏科"。无论是体力劳动还是脑力劳动,无论是简单劳动还是复杂劳动,无论是"分内事"还是"分外事",唯有花大力气、下苦功夫、肯深钻研,才能练就真本领、掌握硬技术,在劳动中发现广阔天地,找到自我价值。在生活中我们要做一个有独立生活意识与生活能力的人,在工作中我们要做一个用劳动创造价值和创造财富的人,在劳动中去收获成长的乐趣与价值,在劳动中为国家与民族的发展做出贡献。

今天,我们强调劳动教育,就是要通过教育,帮助学生真正理解和认同劳动的价值,不让学生被不劳而获、一夜暴富等错误思想带偏,不让学生养成轻视体力劳动、好高骛远的浮夸作风。通过学习掌握一定的劳动技能,学生可以养成良好的劳动习惯,重拾劳动的乐趣,提升劳动素养。"在劳动实践中出力流汗",把劳动镌刻进精神深处,会让学生在今后的工作与生活中受益一生。

 话题讨论

【现象一】:从纪录片《美国工厂》看美国制造业的衰落。

影片以 2008 年美国金融危机为背景,叙事的一端讲述了通用汽车公司在俄

专题一 劳动与劳动精神

亥俄州的代顿工厂倒闭,整个社区陷入萧条,生活在这里的人们的就业和生活受到沉重打击;叙事的另一端讲述了中国福耀玻璃工业集团股份有限公司,成立于1987年,借助改革开放的春风、国际产业转移的浪潮、用地人工的便利和沿海的优势,在"天时地利人和"下迅速发展,逐渐成长为国内和国际汽车玻璃行业的知名品牌。福耀集团接手了美国俄亥俄州的工厂,将其改为玻璃制作工厂并雇请了上千位美国蓝领员工。

片中用了对比的手法,着重拍摄了福耀美国工厂和中国福清工厂的管理与员工的工作情况。在美国工厂,工人当中存在着大量的只为拿工资的员工,他们工作的目的是为了拿到工资使自己重回"中产阶级"。这些人不能在团队中担任自己应有的角色。而在中国福清工厂中的工人,清楚地知道自己在团队中是一个什么角色,考虑得更多的是能为团队做什么,有以团队为家的意识,相信合作的力量。

【问题1】:为什么通用汽车、福特汽车、哈雷摩托部分生产线转移出美国?

观点1:

观点2:

观点3:

【问题2】:在纪录片的结尾,福耀集团的董事长说:"生活的意义在于工作。"对此,你是如何理解的?

观点1:

观点2:

观点3:

点拨指导

问题1:在全球化的时代背景下,通用汽车等之所以关闭了美国的厂房,并逐渐将生产线转移到其他国家,在很大程度上是因为美国工人的性价比太低,工资待遇高而工作效率却很低——美国工人不愿意加班,不愿意做出牺牲去提高工作效率,对工作缺乏责任感与自豪感,缺乏对于一个企业的向心力与凝聚力,在与同行的竞争中处于劣势,而这些美国工人没意识到这一点。同时,德国、日本、中国等国家制造业的崛起,使得美国制造业要想幸存就必须要提高效率、降低成本,否则将无法与其他国家竞争。

问题2:生活与工作都是人生的组成部分,都是实现人生目标的手段,在本质上不仅不矛盾,而且是相辅相成的。人之一生,努力追求的东西,总体来说可以分为两部分:外部的物质和内部的精神。在如今物质极其丰富的世界里,当低层次需求不再是难题的时候,通往自我实现的道路却更为迷障重重。一个人如果能真正清醒地认识自己,就会明白工作的价值不仅是满足自己外部物质的需要,更是满足被需要的需要、被尊重的需要、自我实现的需要。工作是一个人生存的手段,是幸福人生的保障。

【现象二】:体力劳动已经过时了吗?

勤劳是中华民族千百年来的行为倡导和传统美德。对劳动尤其是体力劳动的肯定和赞美是中国传统文化的重要内容。远古时代就有诸多歌颂勤劳的神话,如因勤劳能干而被尧封赏土地的后稷、因解救人类于漫长黑夜而辛勤钻木取火的燧人氏等,无一不在勉励人们要勤劳勇敢、自强不息。

随着工业和科技的发展,体力劳动产生的现实价值开始减弱,一些青年大学生对劳动存在偏见,认为体力劳动就意味着苦、累、脏和廉价,是社会生产力比较低下时期的产物,已经不适应现代机械化、科技化、智能化的新时代了。一些青年不仅体力劳动能力差,甚至还厌恶体力劳动,"劳心者治人,劳力者治于人"的思想严重,即使找不到理想的就业岗位也不愿意从事体力劳动。体力劳动过时了吗?体力劳动为什么被部分人歧视?

【问题1】:体力劳动真的过时了吗?

观点1:

观点2:

观点3:

【问题2】:体力劳动为什么被部分人歧视?

观点1:

观点2:

观点3:

点拨指导

问题1:习近平曾指出,一切劳动,无论是体力劳动还是脑力劳动都值得尊重和鼓励。即使在机械化程度很高的时代,人类的物质财富与精神财富,也主要是通过劳动创造的。体力劳动是劳动的基础,我们常说的劳动创造世界、劳动创造人、劳动创造财富,都要通过体力劳动来实现。高楼大厦,要靠工人一层一层建起来;动动手指送上门的外卖,要靠外卖员奔波穿梭;无所不在的互联网,要靠技术人员风雨无阻地维护基站设施……体力劳动没有过时,也不会过时,再"高大上"的技术变革,其最原始的起点始终是人类劳动。

体力劳动和脑力劳动是两种劳动形态,各有各的作用。不同时代的劳动形式可能有所变化,但体力劳动作为各项劳动的起点,作为凝聚劳动意义与劳动价值最直观的载体,永远不会过时。适量的体力劳动可使人更快乐,体力劳动能给青年带来更多的直观感受,这是脑力劳动所不能取代的。体力劳动能帮助青年在劳动中获得成就感,掌握生活技能,学会协作,养成积极乐观的生活态度。

问题2:所谓歧视,就是不以能力、贡献、合作等为依据,而以诸如身份、性别、种族或社会经济资源拥有状况为依据,对社会成员进行"有所区别的对待"或评价,以实现"不合理"的目的。其结果是对某些社会群体、某些社会成员形成一种剥夺,会引起一些不公正的社会现象。目前部分人对体力劳动歧视的主要原因有:第一,体力劳动辛苦程度高,会让人们在机体上感受到疲劳和相应的痛苦,同时,相对于脑力劳动者,体力劳动者所从事的工作时间较长、劳动强度较大、工作环境较差等,这导致部分人产生了劳动厌恶感;第二,部分人认为体力劳动就是一种简单劳动,其直接创造的社会价值较低,社会贡献较小,不被人们重视;第三,过去体力劳动者的收入偏低,客观上造成了人们对体力劳动者的社会地位评价较低;第四,社会存在注重知识型人才、重视对知识型人才的培养与投入的现象,导致人们对体力劳动者的认识不足。

科学家固然可敬,体力劳动者同样可亲。不管是脑力劳动还是体力劳动,简单劳动还是复杂劳动,只要是劳动,就是在为社会创造价值、为国家增添财富,就是光荣的、伟大的、可爱的,就应当得到尊重。

知识研修

任务一 认识劳动

一、劳动的内涵

劳动是我们既熟悉又陌生的一个名词。说它熟悉是因为人类的生存离不开劳动,说它陌生是因为一般人没有真正懂得劳动的内涵与真谛。恩格斯旗帜鲜明地提出了"劳动创造了人本身"的观点。他认为,劳动为社会历史和人奠定基础,是人类发展和社会进步的根本性理论。劳动是人类社会存在和发展最基本的条件,劳动在人类形成过程中起到了决定性的作用。

(一)劳动的概念

劳动既是一种过程,也是一种状态。劳动,通常是指人们为了创造使用价值以满足物质和精神需要而对体力和脑力的耗费,即劳动是心或身的劳作。从概念中我们可以看出,首先,劳动是人类有目的、有计划的实践活动;其次,劳动有指向性,其指向客观存在的事物并消耗人自身的体力及脑力;最后,劳动能创造物质财富与精神财富。

从人类劳动的演变历史来看,劳动随着社会需求和生产体系的发展而发展,不同社会形态的劳动往往有不同的侧重点与特征。农业社会的劳动主要是人的体力借助自然作用于动植物的劳动,是一种以体力劳动为主、手脑相统一的劳动;工业社会的劳动主要是制造业劳动,其特征是运用生产工具对初级产品进行加工生产,动手和动脑的社会分工日趋明显;信息社会的劳动是以生产无形产品的服务劳动为主体的劳动。

高职院校劳动教育中的劳动包括一切以获得劳动产品为目的的活动,以需

专题一 劳动与劳动精神

要较多体力参与的生产劳动、生活劳动为主,注重手脑并用。劳动教育就是要实现出力流汗、磨砺意志、塑造正确价值观的目的。

(二)相关概念辨析

在日常工作生活中,常常出现"生产劳动""生产实践"等将劳动、生产、实践相交叉的概念。劳动、生产、实践三个概念既相互联系,又有所不同。

劳动与实践都是指人类有目的的活动,都对社会发展具有现实意义。但是,实践比劳动概念更具有抽象性与概括性,实践包含着更多的外延,侧重强调与理论、思想相对应的实际行动和活动,诸如生产实践、处理社会关系的活动、人际交往实践、科学技术活动等。

劳动与生产是一对既相互联系又相互区别的概念。两者的联系主要体现在内容和社会功能上:一方面,劳动和生产作为人类有目的的、创造性的社会活动,都是人类社会存在和发展的基础;另一方面,劳动与生产又具体表现为内容与形式的统一,生产是劳动的一种形式。劳动概念更抽象、概括,而生产概念更具体。

(三)劳动的特征

劳动是人与动物的重要区别,是人类一刻也离不开的活动。劳动具有以下鲜明特征。

1. 劳动的属人性

第一,劳动的主体是人,任何时代的劳动都离不开作为主体的人。离开人这个主体,劳动便不可能开展。动物的活动不能称为劳动,其活动是出于本能的反应,不具有创造性。第二,人可以在劳动实践中不断发挥主观能动性去改造劳动工具、改进劳动方式等,提高生产力,促进人与社会的发展,而"动物只是按照它所属的那个种的尺度和需要来进行塑造"。第三,劳动不仅能满足人的物质需要,也能满足人的社会交往与精神追求。

2. 劳动的现实性

劳动的对象只能是客观的现实世界和各种关系,劳动对象的客观现实性就决定了劳动是现实的实践活动。这就要求劳动实践要符合现实世界的规律,否则便是无效劳动。同时,劳动受一定生产力水平条件的制约,具有一定的历史局限性。劳动的结果也是现实的,不管生产出物质财富还是精神财富,都是客观真实存在的。

3.劳动的社会性

人类最初通过劳动在自然界获得生存与繁衍的资料,在这个过程中构建起了原始的社会关系。随着生产力的发展和生产的扩大,单个人很难生产所需要的全部产品,这就要求人们通过分工协作共同完成生产,这就促成了社会分工的出现,使人与人的联系越发紧密。同时,人类最初的劳动是为了生存与繁衍,但随着社会的发展,人的生产不再只满足自身基本的生存与发展需要,还要通过流通、交换、分配不断满足与丰富自身物质需要与精神需求。人在劳动中进行分工与协作,构建与丰富了社会关系。

4.劳动的时代性

动物在本能的驱使下进行的活动是由遗传决定的,不会因为时间迁移而发生很大变化,而人的生产劳动则处于不断变化、发展与优化的过程中。从石器时代到人工智能时代,从刀耕火种到机械化作业,劳动造就了历史,劳动推动了时代的进步,劳动也为人类创造了无限的可能性。人类的历史是伴随着劳动发展而发展的,两者相伴而生,随着时代的发展而不断发展。

(四)劳动的作用

劳动对人类具有重要作用。劳动推动着人类和社会的发展与进步,劳动创造了人类与社会,劳动创造了人类赖以生存的物质财富;同时,劳动又完善着人类自身的精神世界,塑造着人良好的意志品质。

1.劳动对人类的生存与发展具有重要作用

首先,劳动创造了物质财富与精神财富。人类社会的历史就是一部劳动创造财富的历史,人类在认识与改造自然的过程中,也改造着手中的生产工具、提升着自身的生产能力,促成了物质财富与精神财富的不断积累。其次,劳动创造了人和人类社会。人类按照自己的意识自由、自觉地进行劳动,劳动是人成为人的驱动力,是人自身发展的需要,是人类发展的基础,是人与动物最大的不同。最后,劳动是人自由而全面发展的途径。劳动是人依据需要进行的有目的、有计划的实践活动,人类通过不断的劳动实践来促进科学技术的不断进步,把人类从繁重的劳动中解脱出来,让人拥有更多自由时间去做想做的事情,为人类自由而全面的发展提供了更大的可能性。

2.劳动能够塑造健全的人格、磨砺顽强的意志、锤炼高尚的品格

人的个性受先天遗传因素的影响,但更多的是通过后天的社会实践形成与

发展的。劳动是社会交往的重要途径,人在反复的劳动实践中适应学习、生活、工作和社会关系,形成了相对稳定的状态。同时,要有所成就,人就要在劳动中锤炼顽强意志。一个人在辛勤的劳动实践中,辛苦付出过,才会更加尊重劳动者、珍惜劳动成果,才会更加热爱生活,从而树立起正确的世界观、人生观、价值观,扛起时代重任,形成为人民服务的高尚品格。

二、劳动的分类

工人在机床前的操作是劳动,农民在烈日下的耕种是劳动,边防战士戍守边疆是劳动,老师勤教不辍是劳动……劳动是人类创造物质财富与精神财富的活动。随着劳动范畴的不断扩大和划分角度的不同,劳动的分类也越来越多。按照传统的劳动分类法,劳动可以分为脑力劳动和体力劳动;按照劳动的复杂程度,劳动可以分为简单劳动和复杂劳动;按照劳动产品的存在形式,劳动可以分为物质劳动和非物质劳动等。接下来重点分析传统分类下的劳动:体力劳动与脑力劳动。

(一)体力劳动

体力劳动是指以人体肌肉与骨骼的运动为主、以大脑和其他生理系统的运动为辅的人类劳动,如种植农作物、修建房屋、洗衣做饭、检修汽车等。体力劳动按劳动强度指数来区分劳动强度等级,劳动指数越大说明劳动强度越大。体力劳动按劳动强度指数的大小分为四级,见表1-2所列。

表1-2 体力劳动分类

分级	职业描述
Ⅰ(轻劳动)	坐姿:手工作业或腿的轻度活动(如打字、缝纫、脚踏开关等) 立姿:操作仪器(如控制设备、投放材料等),以上臂用力为主的工作
Ⅱ(中等劳动)	手和臂持续动作(如锯木头),臂和腿的工作(如卡车、拖拉机或建筑设备等运输操作),臂和躯干的工作(如锻造、风动工具操作、粉刷、间断搬用中等重物、除草、除田、摘水果和蔬菜等)
Ⅲ(重劳动)	臂和躯干负荷工作(如搬重物、铲、锤锻、锯刨、凿硬木、割草、挖掘等)
Ⅳ(极重劳动)	大强度的挖掘、搬运,快到人体极限的极强活动

(二)脑力劳动

脑力劳动是以大脑神经系统的运动为主、以其他生理系统的运动为辅的主体活动,如思考、记忆、创造等。脑力劳动可以具体划分成四种基本形态,见表1-3所列。

表1-3　脑力劳动分类

形态	内容描述
创造知识的脑力劳动	其职能是对自然科学和社会科学进行创造性研究、探讨,劳动成果表现为精神产品。创造知识的脑力劳动是潜在的生产力,一般不直接形成价值,但科学技术日益变为直接生产力
传授知识的脑力劳动	其职能是从事传授知识和技术的教育工作,劳动成果表现为知识转移,使更多的人掌握更多的文化、科学技术。这种形态的脑力劳动一般也不直接创造价值,而是通过培养人来间接创造价值
管理知识的脑力劳动	其职能是进行经济管理和其他管理、组织生产、调节生产关系与生产力之间的矛盾、调节生产力内部的矛盾,劳动成果表现为国家、社会部门、企业管理水平的提高。这种形态的脑力劳动通过组织管理将潜在的生产力转化为现实的生产力
实现知识的脑力劳动	其职能是将人类创造的和学习到的知识技术付诸实践,变为现实生产力。劳动成果表现为物质产品(或劳务)的增加和非物质生产的发展。其中属于物质生产领域的部分直接创造价值,属于非物质生产领域的部分间接影响价值

(三)体力劳动与脑力劳动的关系

劳动既包括体力劳动也包括脑力劳动。把劳动仅局限于体力劳动,或者一提起劳动就是叠衣服、洗袜子、刷碗、扫地,就窄化了劳动的内涵。在实际劳动过程中,体力劳动与脑力劳动是不可分割的。个人如果不在自己头脑支配下使自己的肌肉活动起来,就不能对自然产生作用,也就不能产生价值。劳动过程把脑力劳动和体力劳动结合在了一起。只有把体力劳动与脑力劳动有机结合起来,才能提高生活质量、提高劳动效率。脑力劳动与体力劳动没有高低贵贱之分,只有产生价值大小的区别,两者不可偏废。

三、开展劳动教育的意义

马克思指出"整个所谓世界历史不外是人通过人的劳动而诞生的过程",所以,没有劳动就没有人类;没有劳动,人类和人类社会就不能生存与发展。劳动伴随着人类始终,是人类的本质活动。所以,劳动在一个正常的社会领域是个人的尊严,靠劳动创造美好生活、支持家庭、为社会做贡献是光荣的,相反,不劳而获是可耻的。

劳动教育,就是一种教育实践,将教育与生产劳动相结合,旨在帮助我们培养正确的劳动价值观,去热爱劳动与劳动人民,养成劳动习惯,成为德智体美劳全面发展的社会主义建设者与接班人。劳动教育是永恒的教育,对个人成为全面发展的人有极其重要的意义。

（一）劳动能找到意义感与价值感

人不同于其他生物的重要特征就在于人需要存在的理由——价值感和意义感。人们在劳动活动中,不仅培养了独立的精神与坚强的意志,也获得和积累了生活知识与职业技能等,在劳动实践中,不仅服务了自我也贡献了社会。同时,人们在劳动实践中也发现了自身改造客观世界与创造自我的力量,从而可以不断证明自我存在的理由,提升自身的意义感与价值观。

今年74岁的湖北省博物馆001号志愿讲解员胡昇是中国第一冶金建设公司的退休职工,在湖北省博物馆从事义务讲解已有40余年。酷爱文史的胡昇,因1978年考古发现的曾侯乙编钟而震撼不已,自此以后就开始找各种资料自学,不断积累相关知识,一有熟人来访,胡昇就带着他们去湖北省博物馆并给他们讲解一番。因为坚持不懈的学习与练习,胡昇在2007年成为湖北省博物馆志愿者团队的一员,在新的岗位上寻找到了人生新的意义与价值。胡昇讲解的最大魅力,源于他深厚的文化积淀、生动的解说和对文物的独特思考。为了研究馆内文物,他广泛翻阅史料,了解背后的故事,他说:"讲解词要准确,同时要用文学语言描绘,展现画面感。还要用哲学的思辨性,阐发对文物的思考。"如今,胡昇仍坚持每周到博物馆义务讲解两到三次。郧县人头骨化石、越王勾践剑、曾侯乙编钟、元青花四爱图梅瓶被誉为湖北省博物馆四大镇馆之宝,而知识渊博的胡昇,则被游客称作"第五大镇馆之宝"。

（资料来源:刘微. 湖北省博物馆001号志愿讲解员胡昇:妙趣横生说历史,结缘文物40年［EB/OL］. 2020 – 10 – 05［2022 – 03 – 15］. https://view. inews. qq. com/k/20201005A01HPD00? web_channel = wap&openApp = false. ）

（二）劳动能丰富自身人际关系

人生的丰富程度很大程度上取决于个体关系的丰富程度,劳动的深度与广度将会极大地丰富人际关系的多样性。

"人是一切社会关系的总和。"学生在大学阶段进行的各类劳动实践与锻炼,不管是体力劳动还是脑力劳动,都能帮助自身在劳动中与他人产生相互协作的关系。随着广度与深度的拓展,劳动将会极大地丰富人们自身关系的多样性,进而提升生命的厚度与深度。同时,校内、校外大量的生产实践与劳动,构建了学生与自然、社会、他人的丰富关系,为学生提供了全面发展和表现自我的机会。

铁道交通运营管理专业的赵靖于2019年考入京张高铁筹备组,成为一名列车长。京张高铁是北京冬奥会的配套工程,也是展示中国高铁形象的重要窗口,对乘务员的业务水平要求极高。在京张高铁筹备组,赵靖经历了几个月近乎严苛的技能培训:头顶书本练习站姿、咬筷子练习微笑、强化外语技能、学习常用手语、熟悉冬奥知识等。2020年3月1日,中国铁路北京局集团有限公司北京客运段"雪之梦"乘务组正式成立,赵靖成了其中一员。赵靖英语不好,但为了更好地服务乘客,便在"雪之梦"乘务组里跟着专业英语老师学习,还在业余时间组建了英语学习微信群,每天"打卡"学英语,并在学习英语的过程中找到了很多志同道合的朋友。如今,赵靖已能熟练地用中英文向旅客做介绍。赵靖把每一位旅客都当成朋友与家人般对待。京张高铁沿线隧道多,动车组进出隧道时气压变化较大,赵靖就带领他们一起做防耳鸣操,缓解耳部不适感;遇到失明的旅客,赵靖还会把印制有盲文的温馨服务卡发给旅客。在工作中,赵靖学会了构建和谐人际关系的方式与技巧。"作为一名乘务员,能够在京张高铁服务北京冬奥会的中外旅客,既紧张又自豪!"赵靖坚定地说,"我要带着微笑上路,用心把工作做到最好,为北京冬奥会贡献一份力量,让'雪之梦'成为京张高铁的一道亮丽的风景。"

（资料来源:窦菲涛. 京张高铁列车长赵靖:在"雪之梦"上用心服务［EB/OL］. 2022 － 01 － 24［2022 － 03 － 15］. https://baijiahao. baidu. com/s? id = 1722791411945252700&wfr = spider&for = pc.）

（三）劳动能培养审美人格

人的劳动比动物的"劳动"更具有美的韵味,"动物只是按照它所属的那个种的尺度和需要来建造,而人却懂得按照任何一个种的尺度来进行生产,并且懂得怎样处处都把内在的尺度运用到对象上"。我们在进行各类劳动实践与生产实践的过程中,会自觉地对劳动的美进行感知、欣赏、评价和创造。劳动在满足我们个人审美的基础上,也使个人在劳动中获得美的享受,得到情感的陶冶与心灵的升华,可以使得个人创造劳动之美的能力得到发展与完善,同时还能发展个人的智力和良好的道德品质,成为德智体美劳全面发展的社会主义建设者和接班人。

从一块冰、一朵雪花,到一个创意无限的点火仪式,北京 2022 年冬奥会将简约、浪漫、童真、唯美的开幕式呈现在全球观众面前。奥运五环下,中国劳动人民的冰雪智慧凝聚成巨大力量,书写着古老与现代、简约与精彩的奇迹,将一个伟大中国的故事向世界娓娓道来。从"二十四节气倒计时"到"黄河之水天上来",从五环破冰而出到升国旗、奏国歌,每一个场景都精妙绝伦,每一个细节无不阐释着中华文化的独特魅力。但在这背后是冬奥会开幕式筹备工作组不断自我颠覆、自我革新与自我完善的过程。从开始筹备到正式演出,光是设计方案就改了几千版。直到开幕前的几个小时,最终方案都还在不断完善。视效总监王志鸥形容自己和团队"一秒钟都没休息",加班到两三点是常态。只要方案一有改动,他们就要马上反应。王志鸥说:"从 2017 年开始,跟(张艺谋)导演一起准备平昌冬奥会北京 8分钟的时候,我们就一直是这种工作状态,感觉导演跟超人一样。"

劳动是生活的一部分,劳动让生活更饱满。只有把劳动教育作为人生永恒的教育,我们才有可能持续实现"以劳动托起中国梦""以劳动托起个人梦"。

课内游戏 1 ——我的生命线记录图

研究表明,大部分人的生命满足感来自三个主要方面,即兴趣、技能和个性。生命线工具可以帮助你定义与审视这三个方面。

第一步:绘制生命线高低潮。回想一下在你的生命中有过哪些高潮和低潮事件,然后把这些事件在图 1－1 中罗列出来。图中,纵轴代表高低潮,横轴代表时间。

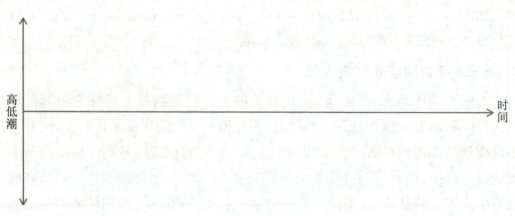

图 1－1　(　　　　)的生命线记录图

高低潮事件是指：

（1）生命中具体的、重要的事件，它们可以是好事或者坏事，涉及范围包括学习、工作、社交、情感、爱好、追求等；（2）你清晰记得的重大事件，带来强烈的个人感受的事件；（3）重大的生命拐点，包括积极的和消极的变化。

你可以从图的左边开始记录生命中的高低潮事件，一直向右延伸到当前状态。标记10～15个事件后，用一条线把所有点连接起来，你便可以知道你对个人生命状况的满意程度。

接下来，请你观察横轴以上的高潮事件并记录下来，思考是哪些精神品质帮助你促成此事达成的。请记录下来，填在表1-4中。

表1-4　生命线高潮事件记录表

我的生命线高潮事件	一两句话对事件进行说明及感受描述	哪些精神品质促使你成就此事

我们永远都不知道自己的能力边界在哪里，坚持下去，主动成长，你才会在生命长河遇见越来越好的自己。

专题一　劳动与劳动精神

 **任务二　劳动价值观及养成**

劳动是创造价值的唯一源泉,体现了人的本质特征。劳动既是人改造世界的客观行为,同时也具有人类的主观目的性。劳动创造的价值体现在人之所以为人的各种需求,而劳动价值观是人们关于劳动、劳动者、劳动成果等的主观认识和价值倾向性观点,具体而言包括人们在劳动过程中表现出来的情感态度和价值取向、人们对劳动与自身关系的认识、如何看待个人劳动与社会劳动之间的关系等和劳动有关的认识问题。劳动价值观对人们的劳动选择和劳动行为起着引导和支配的作用。劳动价值观是价值观不可或缺的部分。劳动价值观形成的过程就是我们主动且正向认同劳动的目的、价值、意义的过程,是我们在辛勤劳动、诚实劳动、创造性劳动中塑造与提升的过程。一个人只有树立了正确的劳动价值观,才能自觉强化"劳动最崇高"的意识,用双手和智慧去创造人生,实现自己的理想,并对构建人生观、世界观产生积极作用。

一、马克思主义劳动价值观及其发展

(一)马克思的劳动价值观

马克思认为人是劳动的产物,劳动创造了人类生存所必需的全部物质条件和精神条件;劳动是一种自由自觉的创造性活动,是自由的生命表现;劳动不仅是谋生手段,更是通向主观世界与客观世界的媒介,也是实现人性至善至美、彻底自由的必由之路。劳动不但创造了人的物质生活,也充盈了人的精神世界,使人得以成长。

(二)毛泽东的劳动价值观

在抗日战争时期,毛泽东在延安召开的生产动员大会上发出了"自己动手"的号召,此后大生产运动广泛开展起来,这一口号也随之演化为"自己动手,丰衣足食"。毛泽东重视劳动,强调通过辛勤劳动实现生产自给的目标。通过大生产运动,各根据地克服了严重的经济困难,从而为抗日战争及新民主主义革命的胜利奠定了坚实的物质基础。

（三）邓小平、江泽民和胡锦涛的劳动价值观

邓小平倡导勤劳致富，要求人们通过"合法经营，诚实劳动"来获得财富，坚决打击违法经营和非法竞争的经济犯罪活动，尊重劳动者劳动能力和劳动效果的差异，讲究劳动效率，允许一部分人通过辛勤劳动、诚实经营先富起来，以先富带动后富。

江泽民指出，其一，无论哪种形式的劳动，只要合法经营和诚实劳动，都是人类历史发展不可或缺的内容和推动力，都应该得到承认、保护和尊重；其二，建立合理的分配制度，保障劳动者的切身利益；其三，确立"尊重劳动、尊重知识、尊重人才、尊重创造"四个尊重方针，尊重和保护一切有益于社会和人民的劳动。

胡锦涛确立了"以辛勤劳动为荣、以好逸恶劳为耻"的劳动理念；高度重视劳动者素质和能力的提高，努力把广大劳动者打造成有理想、有文化、有纪律的社会主义劳动者；提出实现体面劳动，切实保障劳动者的权益。

（四）习近平的劳动价值观

习近平在多种场合发表过一系列关于劳动价值的观点。劳动成就伟业——"中国的伟大发展成就是中国人民用自己的双手创造的，是一代又一代中国人接力奋斗创造的。"劳动创造美好生活——"人生在勤，勤则不匮。幸福不会从天降，美好生活靠劳动创造。"劳动实现梦想——"全面建成小康社会，进而实现中华民族伟大复兴的中国梦，必须依靠知识，必须依靠劳动，必须依靠广大青年。"习近平提出把劳动教育纳入教育方针，实施以劳育人，"要在学生中弘扬劳动精神，教育引导学生崇尚劳动、尊重劳动，懂得劳动最光荣、劳动最崇高、劳动最伟大、劳动最美丽的道理，长大后能够辛勤劳动、诚实劳动、创造性劳动"，要为实现"两个一百年"奋斗目标和中华民族伟大复兴中国梦"培养德智体美劳全面发展的社会主义建设者和接班人"。

习近平提出的"培养德智体美劳全面发展的社会主义建设者和接班人"是新时代劳动价值观在教育领域的具体体现，它是马克思主义教育理论的最新成果，标志着中国共产党人对马克思主义教育学说科学认识的不断深化，体现了马克思主义教育思想在我国教育实践活动中的继承和发展。

习近平关心和造福劳动者，坚持以人民为中心的发展思想，高度重视人民群众的生活条件和劳动环境，采取一系列措施解决人民生产、生活难题，关心和爱

护劳动者。

二、新时代劳动价值观的养成

劳动观不是一成不变的,是随着时代的变化而变化的。科学的劳动观一定是符合历史发展的客观规律的。习总书记在中国特色社会主义伟大实践中,继承与发展了中华民族劳动光荣的优秀劳动观念,融入中国特色的马克思主义劳动价值论,生成并传播了一种劳动者至上、劳动者平等、劳动者可敬、劳动最光荣、劳动最崇高、劳动最伟大、劳动最美丽的劳动价值观,是习近平新时代中国特色社会主义思想的重要组成部分。我们要在实践中培育与践行劳动价值观,将中华民族勤劳的文化基因代代相传。

(一)崇尚劳动

崇尚劳动、劳动最光荣,不仅是新时代我们对劳动的至高价值判断,也是马克思主义唯物史观的基本价值原则,强调了劳动是人的本质和存在方式,劳动是一切财富与价值的源泉,劳动创造了人类社会,也推动了人类社会的发展。

1.崇尚劳动是中华民族的优良传统

"人生在勤,勤则不匮。"中华民族自古以来就以勤劳为美德,勤劳和奋斗是我们生生不息的民族之魂。《诗经》里有大量关于劳动场景的描述与对劳动人民的歌颂,如"十亩之间兮,桑者闲闲兮",这是《诗经》对劳动生活的吟唱,质朴的文字展现了欢乐愉悦的劳动场面;锻铁图、酿酒图……这是敦煌壁画对劳动场景的描摹;"稻花香里说丰年,听取蛙声一片",这是词人对劳动开启美好生活的礼赞。从原始社会到现代社会,"人民创造历史,劳动开创未来"是贯穿于数千年历史的不变要义。整个中华民族的发展史就是一部艰苦奋斗、辛勤劳动的发展史。勤劳与勇敢,是中华民族的传统文化基因,世代流传于我们的血液之中。

2.崇尚劳动是社会主义核心价值观的应有之义

党的十九大明确提出:要"营造劳动光荣的社会风尚"。崇尚劳动的价值观是社会主义核心价值观的应有之义。社会主义核心价值观是社会主义意识形态的核心内容,集中反映了当代中国人的价值诉求和价值共识。作为人类社会存在和发展的基础,无论是从国家治理层面还是从社会发展层面,"劳动最光荣"都理应引领其他一切价值理念。社会主义核心价值观提倡敬业,就是提倡对劳动的崇尚与热爱。勤劳致富、实干兴邦,无论个人还是社会,只有劳动才能创造美好生活,也只有通过劳动,才能实现人的自由而全面的发展。崇尚劳动应该成为我们每个人的信仰,唯有劳动才能创造美好生活,也唯有全社会共同热爱劳动,国家才能兴旺发达。

在科学技术高速发展的今天,我们必须清醒地意识到,人的劳动仍然是创造价值的根本来源。无论是物质生产劳动还是非物质生产劳动,都是平等的、值得崇尚的价值源泉。随着国家对于科技创新的日益重视,劳动的外延也在不断深化,创造性、精神性、服务性劳动日益增多,劳动的对象范围也随着科技的发展日益扩大,对脑力劳动、创新劳动的尊崇也逐渐成为社会主流价值观。崇尚劳动,就应该反对将体力劳动与脑力劳动相对立的观点。一言以蔽之,无论体力劳动还是脑力劳动,只要动起来就值得赞赏。

(二)尊重劳动者

所谓劳动者,就是劳动的人,是对从事劳作活动的一类人的统称。劳动者是一个含义很广的概念,凡是具有劳动能力,以从事劳动获取合法收入作为生活资料来源的公民都可称为劳动者。社会分工有不同,产生的劳动价值各异,但每一位辛勤付出的劳动者都值得尊重。尊重劳动者,一方面强调每个人在法律上、人格上都是平等的,不分贵贱,那些辛勤劳动、诚实劳动、默默无闻的劳动者,是推进社会前行的宝贵基石;另一方面就是要维护和保障劳动者的合法权益,为每一个劳动者营造平等、有尊严的外部环境。

1. 尊重劳动者就是要坚持劳动者共建共享的价值理念

劳动过程是劳动者自我实现的过程,要始终坚持劳动者的主体地位。以劳动者为本,就是要协调好劳动者自我价值与集体价值的关系。一方面,我们要具备奉献精神,自觉抵制精致的利己主义。我们通过合理合法的诚实劳动,获得满足自身生活需求与发展需求的物质利益,同时也要具备利他的社会价值与精神追求,崇尚人与人互助向善的关系,促进自身社会价值实现与社会关系的良性建构。另一方面,社会需要保障劳动者能够在平等、自由、保证安全和个人尊严的前提下劳动,让诚实辛苦的劳动能够得到应有的发展机会、保障条件和公正回报,让劳动者能够共享发展成果,从而更有获得感与主人翁意识。

新时代,我们不仅要尊重劳动者的劳动过程、尊重劳动的成果,也要尊重劳动者对劳动成果的共享,让劳动者共享社会发展成果。人类通过劳动获得自身的解放,而劳动的过程应该是劳动者在劳动中既有付出也有收获的过程,是双向创造价值的过程,也是舒心和愉悦的自我满足的过程。

2. 尊重劳动者就是要尊重每一种劳动形式

尊重劳动者,就要强调一切劳动活动的公平性和协调性,无论是体力劳动者还是脑力劳动者,都是社会主义的建设者,都是国家的主人,都应当被同等尊重。过去的中国曾有过轻贱体力劳动者的思想误区,也有过"搞导弹不如卖茶叶蛋"的不重视科技和脑力劳动者的阶段。改革开放后,邓小平提出"科学技术是第一生产力",党的十六大提出"尊重劳动、尊重知识、尊重人才、尊重创造",国家对创新型劳动、知识型人才的重视程度日益提高。尊重劳动者,就要树立正确科学的劳动观,摒弃错误思想倾向,对劳动者一视同仁,让体力劳动者和脑力劳动者都能受到同样的推崇与尊重。

3. 尊重劳动者就是保障劳动者权益

尊重劳动者,造福劳动者,让劳动更体面,就是要坚持社会公平正义,维护劳动者的合法权益。体面劳动意味着给予劳动者尊严感、获得感和价值感。体面劳动就是有人格尊严的劳动、有权益保障的劳动、能自我实现的劳动。保障劳动者的权益,关键是健全保护劳动者权益的法律法规并有效落实;保障劳动者的权益,就是要为劳动者营造安全舒适的劳动环境,保障劳动者的生命安全和身体健康;保障劳动者的权益,就是要保障劳动者的工资和福利,注重效率与公平的平衡性;保障劳动者的权益,就是要为劳动者提供及时有效的培训和发展机会,促进劳动者的进步和自我完善。

(三)在多劳中成为能者

常言道,能者多劳。其实不是能者就多劳,而是在多劳中成就了能者。新时代期待我们用劳动创造美好幸福生活,号召我们焕发出劳动热情,积极投身于社会主义劳动中。我们要积极投身劳动活动中,通过劳动充分满足自我物质和精神的需要。同时,对于国家而言,时代也同样呼唤我们用劳动来实现中华民族伟大复兴的中国梦。我们要践行"热爱劳动,辛勤劳动、诚实劳动、创新劳动"的价值规范,积极接受劳动教育,开展劳动实践,促成知行合一,促进正确世界观、人生观、价值观的完善。

1. 热爱劳动,"乐干"出趣

劳动创造了历史,劳动成就了现在,劳动也必将书写未来。热爱劳动不仅是对劳动本身的热爱,更是体现在我们在劳动过程中即使意识到了劳动的辛劳、过程的艰难还能保持对劳动的热忱,珍惜每一份劳动成果。热爱劳动就是要在劳动中始终保持积极态度,将足够的热情投入劳动之中,不仅要懂得劳动成果的珍贵,也要享受劳动后身心的愉悦与满足。我们要在劳动实践中体会快乐,感受价值,找到自我,产生发自内心的热爱之情,把个人梦融入中国梦,贡献青春力量。

一个把工作界限定得格外清楚的人,每天只专注于"分内事",会让自己活得越来越孤立。热爱劳动的人不仅专注有劳动报酬的"分内事",也关注不计回报的"分外事"。"分外事"看起来既占据时间精力,又没有任何报酬,但做力所能及的"分外事",不仅能获得新能力的增长点,还能构建良好的职场关系,甚至可能会成为我们人生的契机,让更多的人看到你的"溢价"。我们永远都不知道自己能力的边界在哪里,如果只是日复一日重复"分内事",其实是拒绝了成长的机会,而那些看起来不熟悉的、麻烦的、可能不该自己管的"分外事",往往会让我们迅速成长。

中国嫦娥系列月球探测器研制团队的"大专家"叶培建,是无数航天人心中的"主心骨"。从"资源二号"到"嫦娥一号",从圆梦月球到逐梦火星,有他在,"发射不紧张,队员吃得香"。他为中国航天事业尤其是空间站事业兢兢业业奉献 50 余年,矢志"为人民服务、做人民的科学家"。多年来,叶培建获得了许多殊荣,他最珍视的是 2019 年 9 月 29 日在人民大会堂被授予的"人民科学家"国家荣誉称号。这份沉甸甸的荣誉,让他在工作中更加充满热情与动力。在叶培建的办公室里有两张他爱不释手的照片,那是"天问一号"探测器和"祝融号"火星车在月球上的"互拍照"。叶培建称:"这个综合平台是圆的,这个巡视器是方的,这是我们的设计理念,中国人设计的理念,天圆地方。你看看走起路来四平八稳,再加上很好记的名字,祝融探火,所以说照片的帅气反映了我们的科学成就。"在 2022 年冬奥会期间,77 岁的叶培建作为火炬手,称"航天事业要像火炬接力薪火相传"。因为对航天事业的热爱与责任,叶培建将继续前行,永不止步。

(资料来源:曹晖. 叶培建:走在路上 永不止步[EB/OL]. 2022 - 02 - 14 [2022 - 03 - 15]. https://www. finding. com. cn/html/kexuejia/2022/0214/76127. html.)

2. 辛勤劳动,"苦干"出众

世界上没有任何一种美好生活,是可以不经过辛勤劳动获得的。再瑰丽的生活梦想,没有苦干实干,也只是白日做梦。而当前有一部分青年以"躺平"这种无欲无求的消极行为来抵抗辛苦劳动、社会竞争与生活压力。"躺平青年"穿

专题一 劳动与劳动精神

着"超然脱俗、佛系平和、看淡世事"的外衣,将懒惰合理化,不努力、不奋斗、不打拼、不主动,只追求温饱和糊口的价值,消解着劳动立身、奋斗幸福的价值。"躺平"正侵蚀着部分青年的奋斗精神。

我们要明白一切物质财富与精神财富的获得必须靠辛勤的劳动,无论是个人的辉煌还是民族的复兴,都需要靠不懈的劳动来创造。不管经济怎样发展、社会怎样进步、观念如何转变,只要勤劳致富的观念不变、依靠劳动创造幸福的核心价值不丢、脚踏实地的精神不废,我们就会集聚起逆势而上、顺势而为、乘势而上的底气和实力,我们的生活就会越来越好,国家就会繁荣昌盛。

樊锦诗,敦煌研究院名誉院长。自 1963 年从北京大学考古专业毕业后,樊锦诗在敦煌研究所坚持工作 40 余年,被誉为"敦煌的女儿",还当选了 2019 年感动中国的年度人物。组委会对她的评语为:"舍半生,给茫茫大漠。从未名湖到莫高窟,守住前辈的火,开辟明天的路。半个世纪的风沙,不是谁都经得起吹打。一腔爱,一洞画,一场文化苦旅,从青春到白发。心归处,是敦煌。"

扎根大漠,守护敦煌 50 余载,以满头白发换来敦煌"容颜永驻"。樊锦诗视敦煌石窟的安危如生命,潜心石窟考古研究,完成了敦煌莫高窟北朝、隋、唐代前期和中期洞窟的分期断代。改革开放以来,她坚持改革创新,带领团队致力世界文化遗产保护传承,积极开展文物国际交流合作,引进先进保护理念和保护技术,构建"数字敦煌",开创了敦煌莫高窟开放管理新模式,有效地缓解了文物保护与旅游开放的矛盾。樊锦诗在全国率先开展文物保护专项法规和保护规划建设,探索形成石窟科学保护的理论与方法,为世界文化遗产敦煌莫高窟文物和大遗址的保护传承与利用做出了突出贡献。樊锦诗倾其一生"逆天"而为,以数字档案抗拒着莫高窟缓慢却不可逆转的消逝。她为敦煌石窟的保护、研究、弘扬事业奉献了一生的心血和精力,被季羡林先生称为"功德无量"。樊锦诗于艰苦中求卓越,"苦干"让她更出众。

3. 诚实劳动,"实干"出色

一方面,诚实劳动要求我们劳动的目的要"诚",不能从事欺骗性活动,不能以蒙骗为劳动目的。劳动的目的是要创造实际的价值,只有以诚实诚信的目标为导向,劳动才能够被认可。另一方面,诚实劳动也要求我们劳动的过程要"诚",要踏实、诚实地对待劳动过程和劳动结果,反对一切劳动过程中的虚报、欺瞒或者偷工减料。我们强调诚实劳动,就是旗帜鲜明地反对欺诈、反对投机,并且反对社会上个别不劳而获、投机取巧的错误价值观。在劳动的全过程中,我们要始终诚实守信,以诚为先、以诚为重、以诚为美。

全国道德模范李江福,主持建造了1000多栋楼房,这些工程项目的参建者有14万余名农民工,其中的300多名农民工在李江福的带领下成为建筑行业的骨干,成为李江福诚实守信理念的践行者和传播者。"没有一次质量问题,没有一次延误工期,没有一次拖欠工资。"这是李江福为全社会献上的答卷,也是他对自己承诺的兑现。诚实劳动,让李江福更出色。

4. 创新劳动,"巧干"出彩

创新劳动,提倡我们在劳动中要会"巧干"。重复的劳动是困乏的,更考验人们的精神与意志。在重复劳动中,我们可能会失去对世界的热爱、生活的热情。创新性的劳动则会改变人们对劳动的认知,激发我们的创新禀赋与创造潜能,拓展思维的广度,增加思维的深度。创新劳动就是突破劳动惯例的思维方式、生产方式、组织方式,创造和运用全新的思维观念、科技知识、工艺设计和方式方法所进行的创造性的活动。创新是我们中华民族进步的灵魂,也是国家兴旺的不竭动力。

守护"神州十三号"心脏的人——"金牌焊工"高凤林,16岁在技工学校焊接专业毕业后参加工作,40年来坚守在焊接一线,用精湛的技艺先后为90多发火箭焊接过"心脏",用"精耕细作"为火箭保驾护航,创新技术攻克了航天焊接200多项难关,为包括16个国家和地区参与的国际项目攻坚。高凤林在工作中敢闯敢试,坚持创新突破,将无数次"不可能"变为"可能"。某型号发动机组件,生产合格率仅为35%,上级要求半年时间要拿出大批量合格产品。该产品采用的是软钎焊加工,而高凤林的专业是熔焊,这是一次跨专业的攻关。高凤林从理论层面认清机理,在技术层面把握关键。他跑图书馆,浏览专业技术网站,千方百计搜寻国内外相关资料。每天,高凤林带领组员在20多平方米的操作间进行试验,在两个月里试验了上百次,理清了两种材料的成因机理,并有针对性地从环境、温度、操作控制等方面反复改进工艺,最终形成的加工工艺使该产品的合格率达到90%。

欧洲某公司曾以百万年薪聘请他,他果断拒绝,一心在国内为火箭的建设做贡献,在他眼里,国家利益才是最重要的,个人利益根本不算什么。获过诺贝尔物理学奖的丁肇中教授,为解决低温超导磁铁的制造问题,直接寻找到高凤林,邀请他参与到该项目中。高凤林还曾两次受聘于美国宇航局,参与和航天有关的项目。高凤林被人们称为"中国焊接第一人","巧干"让他更出彩。

专题一 劳动与劳动精神

（资料来源：白夜. 中国焊接第一人！拒绝欧洲百万年薪，35 年送 130 枚火箭进入太空［EB/OL］. 2020－09－09［2022－03－15］. https://baijiahao. baidu. com/s？id＝1677339449428777069&wfr＝spider&for＝pc. ）

"大众创业、万众创新"把创新劳动提高到了前所未有的新高度，时代呼吁我们要具备创新劳动的能力，开展创造性的劳动。我们要进行创新劳动，就要具备开放性思维、开展挑战性实践，摒弃蛮干、硬干，提倡巧干，用创新劳动最大限度地彰显个人价值，为社会创造更多的效益与价值。

（四）树立劳动与休闲并重的劳动理念

与劳动相对应的概念是休闲。休闲是指人们在可自由支配的非劳动、非工作时间内，自主地选择从事某些自由活动，从中获得身心愉悦和精神满足，最终实现自我发展的生活方式。劳动是休闲的基础，休闲是劳动的准备，二者是统一的，不是对立的，因此我们要树立劳动与休闲并重的劳动理念。

1. 坚持劳逸结合

劳逸结合让我们在工作和学习中不仅可以事半功倍，还可以避免不必要的劳苦，保持工作与学习的劲头。树立劳动与休闲并重的劳动理念，坚持劳逸结合，就是要明白，过度劳动固然可以让个体的才智发挥到极致，让个体的事业蒸蒸日上，但健康是优质劳动的基础，不可以健康为代价甚至以生命为代价过度劳动。

2. 强调身心健康

亚里士多德把休闲誉为"一切事物环绕的中心"。休闲是人的生命的一种状态，是一种"成为人"的过程。人们在休闲中不仅是在寻找快乐，也是在寻找生命的意义。我们既强调辛勤而专注劳动的必要性，也同样重视劳动的张弛协调。张弛有度的劳动，不仅有利于我们身心健康的发展，提升生活的乐趣，同时会让我们在踏上工作岗位后，也能妥善处理工作与生活的关系，保持健康积极的心态。

3. 重视可持续性

可持续发展是人们劳动的内在要求。过度劳动不仅会损害身体健康，也可能会带来精神疾病，进而影响人的可持续发展。学习与工作当然重要，但在学习与工作的同时，我们要学会休息，懂得休息，注意锻炼身体。我们不能逃避劳动，不能懒惰，也不要为了短期利益，给身体过度施压。保持身心的均衡，才能更好地、可持续地创造美好生活、为社会做贡献。

4.注重时间管理

时间管理就是利用一定的方法、工具等实现对时间的有效运用,进而完成既定目标的过程,是帮助我们科学地实现劳动与休闲并重的有效工具。时间管理能帮助我们在繁重的事物中抓住重点,以点带面,促进工作的开展与完成,是提高我们自身劳动素质的重要法宝。当下常用的时间管理方法有以下三种。

方法一:四象限工作法。

此方法是对帕累托原则进行拓展后形成的。帕累托是19世纪意大利的经济学家,帕累托原则的核心内容——生活中80%的结果几乎源于20%的行动。将此原则应用到时间管理上,即对事情分清轻重缓急,把注意力放在20%的关键事情上,如图1-2所示。

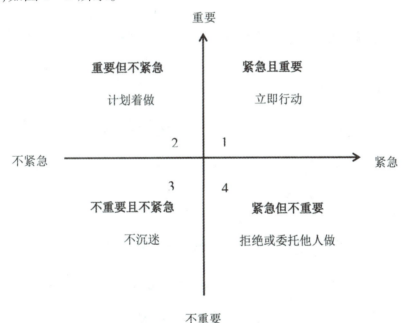

图1-2 四象限工作法

第一象限:重要且紧急的事情(如危机事件的处理、生病就医等),精力分配20%～25%,应该立即着手去做。这类事情一旦饱和,你的压力将无限增大,进而产生危机。因此,第一象限的事情应该越少越好,很多第一象限的事情就因为其在第二象限中没有被处理好而到了这里。

第二象限:重要但不紧急的事情(如学习计划、人生规划、职业规划、人际关系构建、锻炼身体等),精力分配50%～60%,应该分解任务、制订计划、按部就班地去做,严格执行、不找借口、拒绝拖延。这类事情一旦饱和,你虽忙碌但不会

专题一 劳动与劳动精神

盲目。因此,我们要集中精力投资第二象限,做好计划,先紧后松。

第三象限:不重要且不紧急的事情(如追剧、看网络小说、刷视频、打游戏等),精力分配1%,应该有克制地去做。这类事情一旦饱和,就会浪费时间与生命。因此,我们可以适当地娱乐休闲,调节身心,但不能沉迷于此象限的事情。

第四象限:不重要但紧急的事情(如不速之客的到访、临时的事务性工作等),精力分配10%~15%,应拒绝或委托他人去做。这类事情一旦饱和会让你忙碌而盲目,体验感差,价值感弱。该类事情因为时间紧急,让我们误以为很重要,因此,我们一定要学会鉴别。

方法二:GTD(Getting Things Done)。

GTD,中文翻译为"把事情做完"。GTD的核心理念是"把要做的事情全部记录下来,把头脑中的各种事情移出来,然后整理安排,集中精力去执行"。GTD是平衡工作和生活的一套有效的理论方法。GTD的核心步骤为:收集、处理、计划、执行、回顾。(如图1-3所示)GTD可以帮助我们把事情条理化、把事项组织化、把任务清单化。

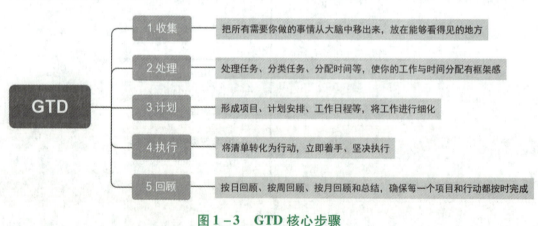

图1-3 GTD核心步骤

方法三:番茄工作法。

番茄工作法是一种简单易行的时间管理方法,在时间管理方面相对更加微观。使用番茄工作法,选择一个待完成的任务,设定一个番茄时间(完整的25分钟,不可分割),在番茄时间内专注工作学习,中途不允许做任何与该任务无关的事,直到番茄钟响起,然后在纸上画一个记号,记录下来。接着,设定一个番茄休息时间(5分钟),完全放下工作学习任务,真正去休息一下。一直循环下去,直到完成该任务。每四个番茄时间后,休息25分钟。结束一项的工作学习后,根据记录的工作学习情况进行复盘,同时可以对第二个工作学习时间进行规划与

调整。(如图1-4所示)

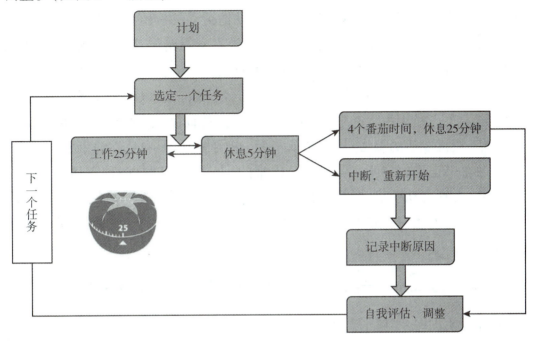

图1-4 番茄工作法流程图

(五)培养理性消费观

劳动与消费一体两面的关系要求新时代的劳动教育必须重视消费教育。生产与消费本就是一个完整劳动链条得以有效运行的基本要素。在很大程度上，消费是人类再生产的必要条件。不能正确认识消费，没有培养出理性消费观，就很难认识到生产的价值和意义。

随着生产力的提升与时代的发展，商品充沛且类型繁多、购物空间广阔、消费渠道便捷等，给我们带来便捷的同时，也让一部分人产生了负面的消费观与非理性的消费行为：崇拜及时行乐，把自我价值依附在消费行为上，迷失理性地进行过度消费；忽视商品本身的使用价值，追求品牌，盲目攀比，简单追求符号价值；从众消费，将大众消费不假思索地加在自己身上；不顾家庭状况，超前消费；等等。这些不理性的消费行为让一部分人于不知不觉间沦为物质的奴隶，极不利于他们自由而全面的发展。

理性消费是指消费者在消费能力允许的条件下，按照追求商品效用最大化的原则做出合理的购买决策后进行的消费。要以辛勤劳动、惜物节欲来涵养我们的勤俭之德，主动抵制符号性消费、超前消费、炫耀性消费等非理性消费，培养正确理性的消费观。

一方面,要培育"劳动最光荣、劳动最崇高、劳动最伟大、劳动最美丽"的劳动价值观。正确的劳动价值观,能帮助我们认清劳动的价值与意义,尊重劳动者与劳动成果,摒弃"消费至上"、盲目攀比、享乐主义等错误观念,在为国家、为社会、为家庭创造财富与价值中实现自身价值意义。

另一方面,要强化辛勤劳动、勤俭节约与经济独立意识。随着国家的发展,当代大学生很少经历生活的艰辛,缺少吃苦耐劳的韧劲,容易产生"一夜暴富"、不劳而获、投机取巧的想法,导致超前消费,影响学习、影响身心健康发展、影响未来。习总书记指出:"幸福都是奋斗出来的,奋斗本身就是一种幸福。"勤劳是劳动的基础,唯有动手辛勤的劳动,方能切实体悟"一粥一饭当思来之不易,半丝半缕恒念物力维艰"的道理。没有艰苦奋斗、吃苦耐劳、勤俭节约,我们就很难成就一番事业。

课内游戏②——自我觉察:清晰认识自我意愿与能力

研究表明,一知半解的新手最易产生过度自信,而出现"新手泡沫"(the beginner bubble)的情况,即表现出眼高手低、不愿身体力行的特征。这一现象可以用心理学的"达克效应"解释说明。

达克效应,全称为邓宁 – 克鲁格效应,是 20 世纪 90 年代由邓宁和克鲁格提出的一种心理学效应。此效应可简单描述为:完成特定领域的任务时个体对自己的能力做出不准确的评价的现象——能力低者会高估自己的能力,甚至显著超过平均水平,能力高者会低估自己的能力。达克效应如图 1 – 5 所示。

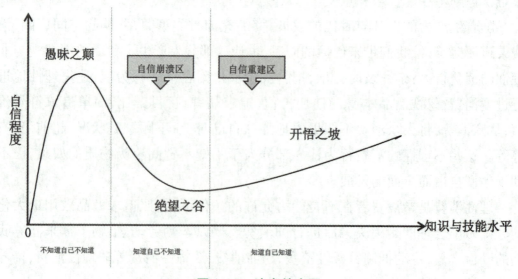

图 1 – 5　达克效应图

人对自我的清晰认识需要经历一定的实践,因而我们常常陷入自我营造的虚幻的优势之中,高估自己却无法客观评价他人。接下来,我们来完成表1-5所示的"自我觉察画布",利用画布清晰认知自我。

表1-5　自我觉察画布

★我是谁,我拥有什么优势?	★我想做什么? ★我能做什么?	★如何弥补想做与能做之间的差距?	★我能和谁合作? ★我能帮助谁?	★我怎么帮助他人?
★为完成想做的事情我要付出什么?			★我最终能得到什么?	

自我觉察画布不是检测我们的弱点,而是帮助我们认识问题,真实地了解自己,杜绝眼高手低的现象,努力在劳动实践中去观察、思考、学习和提升。

专题一　劳动与劳动精神

任务三　劳动精神及养成

人无精神不立,国无精神不强。"精神"是人脑在实践活动中产生的思想和观念的集合,可以给人巨大的力量。劳动精神是关于劳动的理念认知、价值追求和劳动状态、行为实践的集中体现,在理念认知上表现为全社会尊重劳动、崇尚劳动、热爱劳动、敬畏劳动,因劳获义,追求劳动幸福;在行为实践上表现为劳动者辛勤劳动、诚实劳动、创造性劳动,以及在这些劳动过程中展现的精神状态、精神面貌、精神品质。习近平总书记指出,"我们一定要在全社会大力弘扬劳模精神、劳动精神,大力宣传劳动模范和其他典型的先进事迹,引导广大人民群众树立辛勤劳动、诚实劳动、创造性劳动的理念,让劳动光荣、创造伟大成为铿锵的时代强音,让劳动最光荣、劳动最崇高、劳动最伟大、劳动最美丽蔚然成风。"综上所述,劳动精神可概括为:劳动者在辛勤劳动、诚实劳动、创造性劳动过程中,形成劳动光荣、精益求精、创造伟大的劳动理念,达到脱贫致富、发展经济、实现中国梦的劳动目标。

一、劳动精神生成的历史因素

劳动精神是民族精神和时代精神的生动体现,是国家繁荣、民族强盛、人民幸福的强大精神动力,具有深厚的历史积淀和丰富的思想内涵。

(一)马克思劳动观是劳动精神的理论基础

劳动是人类的本质。没有劳动就没有人类的生存,没有劳动就没有人类的发展,劳动是证明人的本质的关键因素。马克思指出,"自由的有意识的活动"就是劳动。劳动创造了人类,劳动也发展了人类。劳动既是财富的源泉,也是实现人的解放的路径。

(二)中华民族优秀传统文化是劳动精神的文化基础

中华民族优秀传统文化滋养了劳动精神的形成与发展。早在春秋时期,便有"民生在勤,勤则不匮"的箴言;东晋时期的陶渊明曾发出"人生归有道,衣食固其端,孰是却不营,而以求自安"的诘问;民间亦有"富贵本无根,尽从勤里得"

的谚语。这些诗歌和谚语都凸显了劳动在人的生存和发展中的重要性,表现了尊重劳动、崇尚劳动的文化传统。讴歌劳动人民是中国传统劳动思想的重要内容。"民为邦本,本固邦宁"凸显了劳动人民在强基固本中的重要性。

(三)中国共产党领导下的人民群众的劳动活动是劳动精神的实践基础

土地革命时期,党在革命根据地开展打土豪、分田地的革命斗争,极大地激发了农民的耕作热情,解除了生产力发展的桎梏。抗日战争时期,党领导抗日根据地人民掀起热火朝天的大生产运动,为化解根据地的供需矛盾、赢得抗日战争的胜利奠定了坚实的物质基础,同时也孕育了"自力更生,艰苦奋斗"的拼搏精神。解放战争时期,党在解放区实行土地改革,使"耕者有其田",让农民翻身获得解放,极大地提高了农民的生产积极性和革命热情,在劳动人民中树立了"劳动光荣,劳动致富"的劳动观念。新中国成立后,在党的领导下,工农阶级以高度的主人翁意识和当家作主的责任感,在岗位上勤勤恳恳、艰苦创业,以"老黄牛"精神丰富了劳动精神的内涵。改革开放以来,知识分子"成为工人阶级的一部分"的号召,极大激励了知识分子和脑力劳动者全心全意投入社会主义现代化建设。随着科学技术对生产力推动作用的日益凸显,历届党和国家领导人都将发展科学技术摆在重要位置,这激励了成千上万的知识分子以锐意进取、敢于创新的精神永攀科技高峰,献身国家科技事业的发展。"尊重劳动、尊重知识、尊重人才、尊重创造"成为改革开放以来的最强音。

二、新时代劳动精神的升华与丰富

党的二十大报告指出,要在全社会弘扬劳动精神、奋斗精神、奉献精神、创造精神、勤俭节约精神,培育时代新风新貌。这体现了党和国家对劳动者的高度重视和无限关怀,也让劳动者感受到了坚守平凡岗位勤劳工作的价值。新时代对劳动精神进行了不断的升华与丰富,将劳动精神分为了三个发展层次。第一个层次是作为合格劳动者应该具备的精神特征,即"崇尚劳动、热爱劳动、辛勤劳动、诚实劳动",也就是劳动者应具备想干、爱干、苦干、实干的基本劳动素养。第二个层次是作为一个专业的劳动者,也就是工匠应该具备的精神特征,即"执着专注、精益求精、一丝不苟、追求卓越",也就是劳动者要具备"懂技术、会创新"的专业劳动素养。第三个层次是作为一个模范的劳动者,也就是劳模应具备的精神特征,即"爱岗敬业、争创一流、艰苦奋斗、勇于创新、淡泊名利、甘于奉献",具备"有理想守信念、懂技术会创新、敢担当讲奉献"的卓越劳动素养,具有信仰坚定、胸怀全局、担当奉献、引领示范等精神品质。从劳动精神到工匠精神再到劳模精神,这一发展过程是一个不断的精神提升与跃迁。

(一)劳动精神在新时代具有更为深刻的内涵

劳动精神是所有劳动者应具备的精神,劳动精神具有普遍性、广泛性、基础性。劳动精神是每一个劳动者为创造美好生活而在劳动过程中秉持的劳动态度、劳动理念和展现出来的劳动精神风貌。"崇尚劳动"是让我们树立正确的劳动观,充分认识"劳动最光荣、劳动最伟大、劳动最崇高、劳动最美丽"。"热爱劳动"就是培养正确的劳动态度,促进我们自觉劳动、积极劳动、主动劳动。"辛勤劳动"是对劳动过程及其强度的充分肯定,体力劳动要付出辛劳与汗水,脑力劳动也要付出智慧和心血,只有勤劳肯干、勤学苦练,才能不断实现自我突破,才能开辟人生和事业的前程。"诚实劳动"是对我们品德的客观规定,是劳动精神的立足基点,强调内诚于心、外信于人,表明劳动要踏踏实实、求真务实、真抓实干、实事求是。劳动精神是劳模精神和工匠精神的基础。

(二)工匠精神是劳动精神在新时代的高度升华

工匠精神是劳动精神的重要组成部分,是劳动精神的升华。工匠精神是每一位不甘平庸的劳动者在平凡的工作中不断对自己提出更高要求,并不断自我提升、自我超越、自我完善,始终追求做更好的自己时所表现出来的工作态度、工作境界、工作习惯和整体工作精神风貌。工匠精神的内涵是"执着专注、精益求精、一丝不苟、追求卓越",是具有专业性、技术性和严谨性。"执着专注"是精神状态,是时间上的坚持、精神上的聚焦;"精益求精"是品质追求,是质量上的完美、技术上的极致;"一丝不苟"是自我要求,是细节上的坚守、态度上的严谨;"追求卓越"是理想信念,是理想上的远大、信念上的高远。工匠精神既体现了敬业之美的精神原色,又表现了创造之美的品质追求,更展现了追求之美的价值升华。如果说劳模精神照亮了别人的生命,那么工匠精神则点亮了自己的生命。

(三)劳模精神是劳动精神在新时代的生动诠释

劳模精神是劳动者品质在劳模身上的集中体现,是劳动精神的生动诠释,具有引领性与示范性。"爱岗敬业、争创一流"是劳模精神的本质特征,体现了劳模对国家、社会、职业的高度责任感、使命感和舍我其谁的主人翁精神。"艰苦奋斗、勇于创新"是劳模精神的品质,劳动模范是辛勤劳动、诚实劳动、创造性劳动的积极践行者,踏踏实实、奋发图强、勇于挑战、敢为人先,在实现中华民族伟大复兴的历史征程中埋头苦干、求真务实、创新创造。"淡泊名利、甘于奉献"是劳模精神的价值追求,彰显了劳动模范心甘情愿、默默坚守、身心投入、不求名利和个人私利的情怀。劳模精神是劳动精神的一面旗帜,能引领更多的劳动者向劳模学习,向劳模看齐,以实际行动践行劳模精神。

三、践行新时代的劳动精神

新时代要切实培育劳动精神,就要发挥我们自身的主体作用,培育自身劳动意识、树立正确的劳动观念、主动参与各类劳动实践。时代在变,劳动精神永远不变,热爱劳动的人是幸福的,也是有成就感的。

思想是行为的先导,只有思想上足够重视,脚下才能足够坚定。树立正确的劳动观是培育劳动精神的核心,而积极进行劳动实践则是我们培育劳动精神的方式与目的。"纸上得来终觉浅,绝知此事要躬行。"只有实践才能将学习到的理论知识转化为自身的真正本领。劳动实践是培养劳动精神的重要手段和方法。我们只有积极参与劳动实践,才能一点一滴地将劳动内化为对家庭负责、为人民服务、为社会奉献的力量,才能在实践中培育自身稳定的劳动品质,将劳动精神外化于行。我们可以通过日常生活劳动、生产劳动、服务性劳动等来磨炼自身的意志,培养吃苦耐劳的精神,并锻炼强健的体魄。

(一)日常生活劳动自觉做

生活的全部是学习,而在学习中却丢了"生活",这似乎是一些青年人的真实写照。有些大学生既不知道大米多少钱一斤,也不知道青菜是怎么来的。生活意识淡薄、生活技能缺乏,那考上大学又能如何呢?理想的课程,始于身体,终于人格。"生活琐事"不琐碎,琐事里全都是生活味。

日常生活劳动包括洗衣做饭、打扫整理、植树护绿、垃圾分类、照护老幼等。日常生活劳动是每个人最基本的劳动方式,需要自觉参与、主动尝试、随时随地、坚持不懈地进行。日常生活劳动推动着个人、家庭的发展,在社会发展中具有普遍性。在日常劳动中,我们要自觉锻炼生活技能,提高劳动自立自强的意识和能力,积极践行绿色低碳的生活理念,懂生活、会生活、爱生活,获得持续创造美好生活的能力。

(二)生产劳动主动做

任何知识源于实践,又归于实践。生产劳动就是结合自身专业特点开展有针对性的实习和实训,以提升专业劳动精神。我们应积极主动参与生产劳动,在学习中劳动,明确怎样将专业知识应用于实践,在实践中检验所学的专业知识;

在劳动中学习,了解社会的需求、自身的短板与不足,补充自身的知识与技能。只有在劳动中学习,又在学习中劳动,才能逐步掌握新知识、新工艺、新技术和新方法,具备创造性地解决实际问题的能力。

深入生产一线,积极参与生产劳动,能提升我们的企业质量意识、标准意识、能力意识、技术意识等,从而让我们审视自身的不足,产生对劳动知识和专业技能等职业素养的提升动力,在真实的职业体验中产生劳动创造美好、职业创造幸福的价值追求。在生产劳动中,以真实的生产项目做驱动,在校企双导师的指导下,我们能增强信心、提升能力,进而去面对完整的生产过程,用心付出劳动,在完成任务的成就感中去感受与理解劳动创造价值,培育爱岗敬业的劳动态度,增强对专业课程学习的兴趣与动力。

(三)社会服务性劳动积极做

社会服务性劳动是指在不求回报的情况下,为改变社会、促进社会进步而自愿付出个人的时间和精力所做出的服务工作。社会服务性劳动对增进民生福祉、社会稳定和谐和精神文明建设有着不可估量的重要作用。

社会服务性劳动能充分发挥我们的主体性与主观能动性,锻炼自身动手能力和解决实际问题的能力。积极参加社会服务性劳动的形式多样,可以走进幼儿园,关爱、陪伴和教育幼儿,体会服务与劳动不止需要爱心,还需要足够的包容、耐心、细心;参加义卖活动,进行爱心捐赠;担当文化大使,讲好中国故事、匠人匠心故事;等等。同时,应有随时随地开展社会服务性劳动的意识,乐于助人,使助人成为常态、成为习惯,在劳动中不断获得体验与感悟,提升作为社会人的责任与担当。

四、新时代劳动教育的实践价值

(一)弘扬劳动精神是全面建成社会主义现代化强国的时代诉求

劳动是助推社会发展的引擎,是通往美好的阶梯。习近平总书记在党的二十大报告中庄严宣示:"从现在起,中国共产党的中心任务就是团结带领全国各族人民全面建成社会主义现代化强国、实现第二个百年奋斗目标,以中国式现代化全面推进中华民族伟大复兴。"大道之行,壮阔无垠。全面建成社会主义现代化强国,呼唤敢为人先、开拓进取的创新性劳动精神,推动我国实现科技自立自强,解决"卡脖子"的技术难题;呼唤刻苦钻研、精益求精的劳动精神,以知识和技能作为核心驱动力,推动我国实现高质量的发展;呼唤敬业担当、苦干实干的劳动精神,脚踏实地,把实体经济做强做优。建设现代化强国,需要一支知识型、技能型、创新型的劳动大军,在劳动精神的号召下,发挥工人阶级主力军的作用,撸起袖子加油干。

(二)弘扬劳动精神是培养高尚道德情操的实践要求

中华民族自古以来就是热爱劳动的民族,以崇尚劳动、尊重劳动者为表征的劳动精神是中华民族的宝贵精神财富,是培育和践行社会主义核心价值观的原生要素,是全社会每个人的精神底色。然而,随着科技和社会的迅速发展,劳动主体、劳动形式发生了巨大的变化,劳动范畴的丰富化、经济主体的多元化、思想的多元化、价值观的多元化、利益诉求的多元化等对传统的劳动价值观念产生了巨大冲击。在这种环境下,更需要大力弘扬劳动精神,端正我们对劳动的认知,培养高尚道德品质,提高中华民族整体思想道德水平,推进社会主义精神文明建设。

(三)弘扬劳动精神是培育社会主义建设者和接班人的必备举措

当前,加快建设宏大的知识型、技能型、创新型劳动大军迫在眉睫。劳动精神培育是培养和造就新时代新人的必然要求。我们青年大学生要树立正确的劳动价值观,培养良好的劳动态度,涵养深厚的劳动情怀,培养高尚的劳动品质,调动起自身的积极性、主动性与创造性。我们要在劳动中,锤炼自身的道德品质、专业素养、智力水平、体能与审美,实现自我价值与社会价值的统一,最终实现人的自由而全面的发展。

课内游戏 ③——"生命之轮"练习:自我迭代,过向往的生活

选择与你学习、生活中最相关的 8 个主题,如职业发展、个人成长、身心健康、时间管理、财富管理、生活环境、休闲娱乐、情感生活等,然后在图中标出你当下的关注度。以圆心为零点(满足度最低),圆周为最大值(满足感最高),在每个主题区标注分值。标记完后,把每个区域用不同的彩色笔涂抹出来。完全涂抹的区域表示此项主题得到了全面的实现,部分涂抹的区域表明在这个领域你还需要更加努力。(以 21 天为周期,再次做该练习并进行对比)

图 1-6 为某同学的第 1 天的练习记录,其自我打分为 48 分。

该同学通过练习发现,自己存在学习与生活缺乏系统规划的缺点,找出了自身不足的地方进行了提升。学习与改进 21 天后,该同学再次打分,她给自己的打分是 52 分,与之前的分数相比,她在自我成长、人脉管理、情绪管理、形象管理方面各提升 1 分,如图 1-7 所示。

专题一 劳动与劳动精神

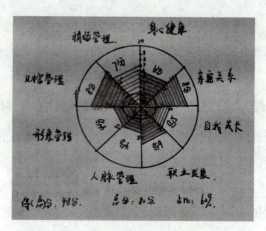

图 1-6　某同学第 1 天的练习记录

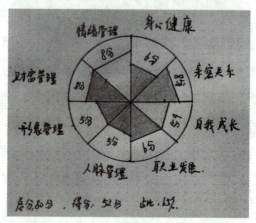

图 1-7　某同学第 21 天的练习记录

　　该同学通过学习与梳理,在 8 个方面分别提出了具体改进措施,如在自我成长方面,练习演讲与口才、坚持每天写效率手册等。

　　好了,接下来请同学们开始练习吧。

　　第 1 天的练习记录(如图 1-8 所示):

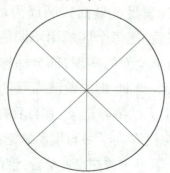

　　总分 80 分　得分:＿＿＿＿＿　占比:＿＿＿＿＿

图 1-8　第 1 天的练习记录

通过第 1 天的记录找到不足之处,并提出改进的具体措施,填入表 1-6 中。

表 1-6　具体的改进措施

不足之处	具体改进措施

坚持 21 天后的练习记录(如图 1-9 所示):

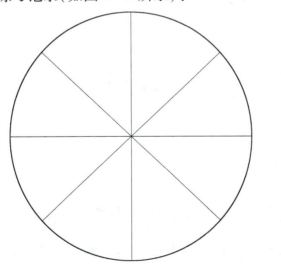

总分 80 分　得分:_____　占比:_____

图 1-9　坚持 21 天后的练习记录

通过对第 1 天的记录与第 21 天的记录的对比,找到不足之处并继续提升,保持你生活的平衡,通过不断的劳动实践来提高你的生命质量。将继续改进的具体措施填入表 1 – 7 中。

表 1 – 7　继续改进的措施

不足之处	具体改进措施

案例与实践

制冰师刘博强:轧钢工人华丽转身守护冰场

2021 年的最后一天,中国冰壶精英赛暨奥运会选拔赛完赛。这一天,北京冬奥会迎来倒计时 35 天。

随着比赛结束,制冰师刘博强也通过了一次"出师考试"。对结果,他挺满意。

刘博强是北京首钢建设投资有限公司首钢园运动中心运营管理有限公司的一名制冰扫水工。北京冬奥会上,冰壶赛事将会产生 3 个项目的金牌,中国冰壶国家队已获得 3 个项目的参赛资格。

此次中国冰壶精英赛承担着选拔出中国最强阵容参加北京冬奥会冰壶项目比赛的重任,为确保选拔赛的国际专业水准,赛事组委会邀请专业制冰团队为赛道制冰和养护。刘博强就是那位专业的制冰师。

世界级的顶级制冰师不超过 20 人。在国内,制冰师还是新兴职业,刘博强的梦想就是以中国工匠的身份"挤"进那 20 人之列。

在学习制冰近 5 年后,他的这个梦想不再遥不可及。

20 多年前,刘博强是一名与火打交道的钢铁工人。从 1996 年进入首钢初轧厂成为轧钢工至今,他的岗位几经变化。2013 年 7 月,首钢成立园区综合服务有限公司,刘博强来到空调班工作,全面掌握了空调制冷系统的相关知识。

他做梦也没想到,这会成为开启自己冬奥梦想的"钥匙"。

2017 年 3 月,刘博强主动报名参加了公司组织的制冰工作培训。同年 7 月,去首都体育馆实习时他才知道,首钢要建设服务北京冬奥的冰场,他要学习的就是冰场维护技能。

由于熟悉制冷系统,加上自身努力,当首钢冰场投用时,刘博强成了上手最快的人。凭借在花滑馆、速滑馆的优秀表现,很快,他被安排到维护难度更高的冰壶场馆学习。

在这里,加拿大籍国际顶级制冰师 Jamie 成为刘博强的老师。从打下手做起,他借来打点壶趁着夜深人静偷偷练习。为了形成"肌肉记忆",刘博强每天高强度地练习,右胳膊明显比左胳膊粗了一圈。

在首钢园区,刘博强给国家冰壶队训练场馆制冰已经 3 年多了。这次中国冰壶精英赛比赛开始前不久,Jamie 因故返回了加拿大,刘博强第一次独立完成了冰场内的所有工作。

"从国家队的反馈来看,我很有信心。我会加倍努力,给奥运健儿们提供理想的训练和比赛条件。"刘博强说。

(资料来源:邓崎凡. 制冰师刘博强:轧钢工人华丽转身守护冰场[EB/OL]. 2022 –01 –24[2022 –03 –15]. https://baijiahao. baidu. com/s? id =1727294727994855312&wfr = spider&for =pc.)

专题一 劳动与劳动精神

个人实践及反思

参加劳动实践,可以是做家务、寝室整理、校园清洁、青年志愿者社会服务、岗位认知实习、勤工俭学等。感受劳动过程,领悟劳动真谛,反思劳动所得,并将内容填入表1-8中。

劳动实践内容:＿＿＿＿＿＿＿＿＿＿＿＿＿＿＿＿＿＿＿＿＿＿＿

合作者:＿＿＿＿＿＿＿＿＿＿＿＿＿＿＿＿＿＿＿＿＿＿＿＿＿＿＿

表1-8　个人反思

反思项目	反思结果
体力劳动能力的变化 (肢体协调性、感知力、劳动效率等)	
脑力劳动能力的变化 (如劳动知识、劳动思维、劳动创造力等)	
劳动审美的变化	
人际关系的变化	

填写人:＿＿＿＿＿＿＿＿＿＿　　　　填写时间:＿＿＿＿＿＿＿＿＿＿

小组课外实践

1. 醪糟文化

醪糟,又叫米酒、酒酿、甜酒,旧时叫"醴",其酿造历史悠久,起源于汉朝、盛行于清朝。醪糟是用蒸熟的糯米酿制,拌上酒酵(一种特殊的微生物酵母)发酵而成的一种甜米酒。醪糟作为一种地方风味小吃,不完全属于酒的类别,却有着酒的芳香。

醪糟甘、辛、温,含糖、有机酸、维生素 B1、维生素 B2 等,可益气、生津、活血、散结、消肿。吃醪糟对恢复身体可起到辅助治疗作用。醪糟的吃法比较多,可以将其做成醪糟汤圆、醪糟鸡蛋、醪糟冰粉等。

2. 酿醪糟的步骤

图 1 – 10　步骤 1

①称好一斤半的糯米(最好用粳糯米),如图 1 – 10 所示。

图 1 – 11　步骤 2

②淘一遍后用冷水浸泡,夏天泡 3 小时左右,冬天泡 5 小时左右,泡至用手指能掐碎即可,如图 1 – 11 所示。

专题一　劳动与劳动精神

图 1 – 12　步骤 3

③泡好后,滤去水。蒸屉铺上无油无盐的屉布,放入泡好的糯米,如图 1 – 12 所示。

图 1 – 13　步骤 4

④插上几个洞以便透气,如图 1 – 13 所示。

图 1 – 14　步骤 5

⑤隔水蒸 25 分钟左右,达到米熟且无硬芯后便可取出,如图 1 – 14 所示。

图 1 – 15　步骤 6

⑥将蒸熟的糯米倒入无油无盐的容器,摊开,倒入凉开水,用手将米粒散开,如图 1 – 15 所示。

图 1 - 16　步骤 7

⑦按比例将酒曲混入糯米饭中（留出一点酒曲备用），用上下翻的手法拌匀，如图 1 - 16 所示。

图 1 - 17　步骤 8

⑧将糯米饭松散地装入容器，轻轻压平表面，中间插一个洞，在洞的边缘，洒上刚才的曲酒，盖保鲜膜，静置发酵。发酵最佳温度为 20 ~ 27℃，时长为 15 ~ 20 天，具体视环境与原料的不同而有不同，如图 1 - 17 所示。

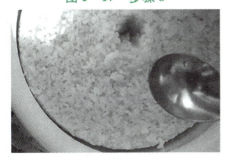

图 1 - 18　步骤 9

⑨醪糟酿好了，如图 1 - 18 所示。

3. 小组实践（见表 1 - 9 所列）

表 1 - 9　小组实践

酿 醪 糟
实践指南

活动设计：以小组为单位，制定活动策划方案，在课后完成米酒酿造过程并记录，反思经验教训，并组织小组间进行品鉴与交流。

工具使用：米、罐和制作过程中需要的其他工具。（需煮熟糯米，但若客观条件有限，可视情况选定其他劳动活动）

安全保护：使用工具时注意安全。

专题一　劳动与劳动精神

高等职业院校劳动教育与实践教程

小组劳动小结	
我们遇到的困难 和解决途径	
我们的收获	

记录人：

劳动成果展示（用照片、图片、文字描述、第三方评语、视频、劳动作品等形式展现）

 课后练习

1. 如何看待"诚信者吃亏,失信者沾光"? 结合你的生活实际谈谈诚信劳动的人是否真的吃亏?

2. 接到劳动安排,有的人欣然接受,有的人逃避拒绝,你如何看待两种截然不同的态度呢?

3. 你在现实生活中是否发现过他人不尊重劳动者的现象? 若有,请举例。

4. 如何能高质量地完成劳动任务?

专题二　工匠与工匠精神

专题引入

目标要求

一、知识目标

1. 了解工匠精神的起源和内涵。
2. 理解工匠精神的培养方法。
3. 明确工匠精神的时代价值。

二、能力目标

1. 培养学生日常生活动手能力。
2. 帮助学生精进专业操作能力。

三、素质目标

1. 引导学生体悟"干一行、爱一行"的工匠情怀。
2. 引导学生自觉树立苦练技术、迎难而上、锐意创新、持之以恒的匠心。

在早期,工匠在人们的日常生活中占据着十分重要的地位,是与老百姓的日常生活密不可分的职业。他们用自己精湛的技术给平凡的生活带来了诸多改变,如木匠、石匠、铁匠等,展现出了中国劳动人民的伟大智慧,而且那时的中国,有很多手工艺品名扬海外。随着现代技术的不断发展,一批无法适应现代化生活节奏的老工匠不得不慢慢淡出我们的视线,成为非物质文化遗产名录中的一部分。虽然具有精湛技艺的工匠被历史的浪潮淹没,但"工匠精神"却是不能够被遗忘的,它需要后来人不断继承和发扬。

2022年10月16日,党的二十大报告指出:"中国共产党领导人民打江山、守江山,守的是人民的心。治国有常,利民为本。为民造福是立党为公、执政为民的本质要求。必须坚持在发展中保障和改善民生,鼓励共同奋斗创造美好生活,不断实现人民对美好生活的向往。"实现人民对美好生活的向往需要各行各业的人们进行辛勤的劳动。无论从事什么样的劳动,我们都要干一行、爱一行、钻一行,要始终怀有精益求精、尽善尽美的态度和独具匠心、雕琢钻研的精神,使工匠精神成为引领社会风尚的风向标。

知识结构图

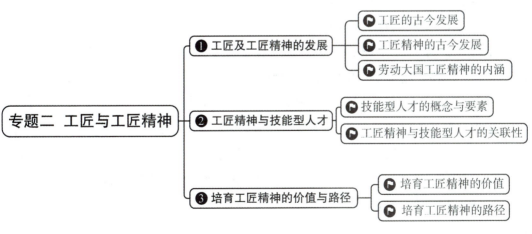

专题二 工匠与工匠精神
- ❶ 工匠及工匠精神的发展
  - ▶ 工匠的古今发展
  - ▶ 工匠精神的古今发展
  - ▶ 劳动大国工匠精神的内涵
- ❷ 工匠精神与技能型人才
  - ▶ 技能型人才的概念与要素
  - ▶ 工匠精神与技能型人才的关联性
- ❸ 培育工匠精神的价值与路径
  - ▶ 培育工匠精神的价值
  - ▶ 培育工匠精神的路径

课堂导入

请仔细阅读以下问题,并将"是"或"否"填入表2-1中的相应位置。

专题二 工匠与工匠精神

表 2 – 1　课堂导入回答

序号	问题	是/否
1	你是否认为工匠精神很重要	
2	你是否了解什么是工匠	
3	你是否动手做过手工活	
4	你是否愿意做一个"手艺人"	
5	你是否愿意一辈子钻研一门技术	
6	你是否认为工匠精神的传承重要	
7	你是否认为工匠精神的传承人的选择重要	
8	你是否认为作为一名"工匠"有义务传承工匠精神	
9	你是否认为工匠精神的培养需要很多年的沉淀	
10	你是否认为工匠有助于推动社会进步	

以上问题中，回答"是"越多，说明你越具备工匠的意识与精神。

中国制造，经过改革开放以来多年的发展，从小到大，而现在又走到了一个新的历史阶段，从低到高，即从低端制造业迈向高端制造业。在高端制造业方面，中国与西方发达国家还存在一定差距，而弘扬"工匠精神"，则是推动中国高端制造业全面发展的重大举措。

中国的产业结构早熟，即在高端制造业普遍落后的状态下过早地转向了房地产、服务业和金融业，这有可能让中国错失这次新工业革命的机会。弘扬"工匠精神"，则是避免"去制造论""脱实向虚"的重大行动。

根据《中国制造2025》的时间表和路线图，为了实现从低端制造业向高端制造业的转型，2016年3月，国务院总理李克强在《政府工作报告》中首次提出要弘扬工匠精神："鼓励企业开展个性化定制、柔性化生产，培育精益求精的工匠精神，增品种、提品质、创品牌。"

 话题讨论

【现象一】：重庆工商职业学院传媒与设计学院"心虎筑梦"团队赴石柱中益乡开展青年红色筑梦之旅暑期社会实践活动

"这里是重庆石柱中益乡,这是我长大的地方,现在我是一名在校大学生,学习影视动画,我们为帮助村里的留守妇女,开发了心虎动漫和老虎布偶,这只红色的布老虎叫守心虎,它是以华溪村老党员马婆婆为原型,今天我们的直播就来到了马婆婆家的初心小院,将心虎送回家……"这一段直播介绍来自于石柱中益乡的返乡大学生阮爽。

为进一步教育引导青年大学生"受教育、长才干、作贡献",重庆工商职业学院传媒与设计学院"匠心筑梦心向党 反哺家乡促振兴"乡村振兴促进团青年学子于7月20日—7月22日,深入重庆石柱县中益乡,把青春活力播种在乡村振兴中,将智慧才干灌注于乡村帮扶中,将满腔热情投注于乡村发展中,发扬脚踏实地奋斗、艰苦奋斗的精神,坚定理想信念,厚植爱国情怀,绽放青春风采,以青春力量赓续红色血脉,以实际行动迎接党的二十大胜利召开。

专创融合,描绘乡村振兴"新画卷"

实践团结合石柱土家族自治县民族特色,运用自己所学专业,为乡村留守妇女设计出三款以当地乡村女性、新时代大学生为原型的"心虎"系列布老虎手工艺产品,以暑期三下乡社会实践活动为契机,融合"互联网+"现代技术,孵化乡村IP动漫形象,创作动画和新媒体短视频,将"心虎"系列产品带回初心小院和壹秋堂扶贫工坊,帮助留守妇女进行全方位立体化的营销,为留守妇女增收开辟新路径。

技术赋能,打造乡村营销"新理念"

实践团队的同学们化身"主播教练",引导乡村留守妇女学习线上营销,为中益乡坪坝村的女工们传授电商直播的基础技术,采用"模拟直播+技术实操"的方式,开展电商直播小技巧、微信小程序实操指导、手机视频拍摄等技术培训,覆盖线上营销从前期选品、流程策划、技术对接、活动推送到直播开展等各个环节的操作,从而帮助扶贫工坊女工掌握电商新技术、直播新手段,实现生产、销售融合双丰收。

反哺家乡,推广乡村帮扶"新模式"

"这次社会实践已经是我们团队第六次来到石柱中益乡了,这次我们进一步对中益乡更多的村子进行调研和完善,进而通过我们的帮扶模式实现反哺。"实践团负责人隆春尧说道。实践团通过本次三下乡社会实践,已与石柱冷水镇八龙村和桥头镇瓦屋村签订协议开展帮扶,团队立志将帮扶模式推广覆盖,不断向周边地区辐射,持续推进乡村妇女的帮扶计划,真正做到将"三下乡"变成"常下乡、常在乡、常惠乡"。

（资料来源：https://www.cqtbi.edu.cn/info/1002/17059.htm）

【问题1】：身边有哪些"大国工匠"故事？

观点1：＿＿＿＿＿＿＿＿＿＿＿＿＿＿＿＿＿＿＿＿＿

观点2：＿＿＿＿＿＿＿＿＿＿＿＿＿＿＿＿＿＿＿＿＿

观点3：＿＿＿＿＿＿＿＿＿＿＿＿＿＿＿＿＿＿＿＿＿

【问题2】：高职院校如何培养出"大国工匠"？

观点1：＿＿＿＿＿＿＿＿＿＿＿＿＿＿＿＿＿＿＿＿＿

观点2：＿＿＿＿＿＿＿＿＿＿＿＿＿＿＿＿＿＿＿＿＿

观点3：＿＿＿＿＿＿＿＿＿＿＿＿＿＿＿＿＿＿＿＿＿

点拨指导

问题1："工匠精神"是一种对职业敬畏、对工作执着、对产品和服务追求完美的价值取向。具体到工匠个体上，表现为专注、坚守、耐心、淡然、创新，以及不断突破自我等优良品质；具体到产品和服务上，表现为以人为本、精心打造、精工制作、质量上乘等特质。"大国工匠"是"工匠精神"的具体化身，代表着制造强国技术技能人才的最高水平。此题选择一些身边的见闻，言之有理即可。

问题2：职业教育是与企业发展、科技进步、社会繁荣紧密相关的教育类型。重振"工匠精神"自然离不开职业教育。眼下，确有不少职业院校不够重视学生"工匠精神"的培育，因此，迫切需要尽快补上"短板"，走出过于重视技能传授、文化教育，忽视职业素养培育的误区，让"工匠精神"在职业教育中"生根发芽"，进而推动社会、经济发展和科技进步。

【现象二】：《我在故宫修文物》赏析

跨越明清两代、建成将近六百年的故宫，收藏着包括《五牛图》《清明上河图》在内的180多万件珍贵文物。历经百年沧桑，这些人类共同的瑰宝或多或少蒙上尘埃，破损不堪。从故宫博物院建院那天起，一代又一代文物修复师走入紫禁城的红墙，通过他们化腐朽为神奇的妙手，将生命的活力重新注入一件件文物中。

面对钟表收藏家的炫耀，王津只是淡然一笑。他修复的每件钟表都是世界上最精美、最罕见的珍宝，都可谓价值连城，然而这些可以用货币来衡量的价值却不在他的考量范围内。他感叹的是几百年前的老玩意儿为何设计得如此精巧,并想用自己的双手让它恢复当年的光辉。这就是国之大匠的底气和格局。

（资料来源:邢贺扬.钟表师王津:没想到自己成了"男神"[EB/OL].2016 - 12 - 23 [2022 - 03 - 15].http://www.rmzxb.com.cn/c/2016 - 12 - 23/ 1237574.shtml.）

【问题1】:你对中国的传统手工业了解多少?

观点1:＿＿＿＿＿＿＿＿＿＿＿＿＿＿＿＿＿＿＿＿＿＿＿＿＿＿＿＿＿＿

观点2:＿＿＿＿＿＿＿＿＿＿＿＿＿＿＿＿＿＿＿＿＿＿＿＿＿＿＿＿＿＿

观点3:＿＿＿＿＿＿＿＿＿＿＿＿＿＿＿＿＿＿＿＿＿＿＿＿＿＿＿＿＿＿

【问题2】:改革开放以来,为什么中国企业频频被报道缺乏"匠心"?

观点1:＿＿＿＿＿＿＿＿＿＿＿＿＿＿＿＿＿＿＿＿＿＿＿＿＿＿＿＿＿＿

观点2:＿＿＿＿＿＿＿＿＿＿＿＿＿＿＿＿＿＿＿＿＿＿＿＿＿＿＿＿＿＿

观点3:＿＿＿＿＿＿＿＿＿＿＿＿＿＿＿＿＿＿＿＿＿＿＿＿＿＿＿＿＿＿

点拨指导

问题1:中华民族有着悠久的手工业传统,造就了大批能工巧匠,留下了异彩纷呈的无数佳作精品,承载着中华民族的精神气质和价值追求,是中国古代"工匠精神"的真实写照,也是当代中国发展的重要历史资源。工匠精神的提出适应了国家产业升级的需要,是建设制造强国、净化社会风气、树立中国国际形象的重要精神支撑。

问题2:改革开放后的40多年,中国经济快速发展,国家一步步走向富强,经济繁荣,社会稳定,人民生活水平不断提高,迎来了中国历史上的空前盛世。然而,一些中国企业一味追求"短、平、快"带来的即时利益,忽略了产品的品质,导致中国制造业一直处于国际竞争的不利地位。回顾我国数千年的历史,也曾出现过鲁班这样的大师级工匠,也有过修建出故宫这种世界奇观建筑的工匠,即便在现代社会也曾经拥有过"一抓准"的张秉贵师傅。这说明中华民族的基因里,工匠精神在延续和传承,我们要做的就是把它挖掘出来,让工匠精神在全社会形成一种共识,使其成为中国制造的内在支撑。

专题二 工匠与工匠精神

知识研修

任务一 工匠及工匠精神的发展

一、工匠的古今发展

（一）传统工匠的概念

"匠"这个字，外框是一个口朝右可以装木工用具的方口箱子，其中的"斤"就是木工用的斧头。所以在上古时，只有木工才叫"匠"。《庄子·徐无鬼》有记"匠石运斤成风"，意思是说一位姓石的木匠抡起斧头如一阵风。

《考工记》对木匠进行了细分："攻木之工：轮、舆、弓、庐、匠、车、梓。"再后来，社会发展，文明进步，手工业日趋发达，"匠"的概念便愈发宽泛。明末清初，汉口一带活跃着许多靠手艺吃饭的民间匠人，他们有一个统一的称谓——"九佬十八匠"。他们走乡串户，用自己的手艺服务乡民。从妇女戴的金银首饰，到每个人都要用的锅碗瓢盆，他们的手艺涉及生活的方方面面。

因此，传统意义上的工匠可理解为具有某项熟练技巧并从事传统手工业的劳动者。依据自身技艺水平的高低，工匠可以分为不同的层次。首先是"百工"，广泛分布在社会的各个行业，是古代手工业发展的主力；其次是"机匠""铁匠"等具有较高专业技术的工匠；最后是少数技艺水准超群、出类拔萃的"匠师""哲匠"，他们代表了传统工匠阶层技艺的最高水平。

（二）传统工匠的技术特点

（1）传统工匠的劳动方式以手工操作为主。传统工匠所处的时代尚未有机器化大生产，产品的数量规模有限，所以工匠几乎都是依靠手工去制造、生产每一件器具。这种劳作方式，对工匠双手的操作能力，心、脑和手的协调能力，以及专注投入、一丝不苟的操作状态都提出了极高的要求。

（2）传统工匠技艺以世袭传承和家族经营为主。在古代，手工业的技能传授基本是通过家族进行的。

（3）传统工匠的技术发展具有封闭性。一方面,受历史影响,中国社会长期处于封闭保守的小农经济环境,占据主导地位的官营手工业,在很长时期内是古代工匠劳动的主要领域,工匠没有直接、广泛服务于普通社会阶层,这导致了工匠自身技术发展的局限性;另一方面,古代工匠的技艺传授方式较为封闭,技艺传承观念保守,技艺的传播范围有限,在较长时间内,缺乏技艺切磋交流的途径,技术水平难以有效提高,技术发展具有封闭性。

（三）传统工匠的转型

随着社会的进步发展,传统中国社会的经济形态逐渐产生了变化,小农经济逐步被瓦解,而传统工匠作为重要的手工业劳动群体也在社会变革中逐渐实现了自身的转型。传统工匠的转变主要表现在以下两个方面。

（1）技艺提升方式由封闭传统向开放现代转型。一是传统工匠的技艺教授较为封闭,个人技艺水平的提高,更多的是依靠自身的经验积累和长期的实践摸索;二是随着时代发展,生产力的进步加快了人类认识世界的脚步,科技的发展进一步推动了人类生产实践的科学性和开放性,自然科学理论不断发展,科学理性主义逐渐占据上风,工匠自身的技艺提升方式也受到影响,从过去依靠经验、感觉转向依靠科学理论。

（2）劳动生产方式由封建向现代转型。一是在封建时代,由于生产力水平较低,手工业的生产效率不高,传统工匠受限于所处的历史环境,劳动方式以手工操作为主;二是机器大生产时代到来以后,生产效率迅速提高,工匠也逐渐向生产技术工人转变,开始通过操作机械设备,满足工业化大生产的需要。伴随着社会发展,传统工匠的劳动生产方式和劳动职业角色都发生了转型。

在《现代汉语词典(第7版)》中,工匠的解释是"手艺工人"。现在对工匠的理解除了手艺工人之外,还包括技术工人或普通熟练工人。

二、工匠精神的古今发展

（一）传统工匠精神的特点

说到工匠精神,很多人会说出德国制造或瑞士制造等现代优质制造的代表。可是,翻阅历史资料就可以知道,中国同样有着源远流长的工匠精神。历史上的中国制造声名远播,冶铸、陶瓷、纺织印染、茶叶、丝绸、玉器、"四大发明"等都是我国古代劳动人民伟大智慧的结晶。中国有着悠久灿烂的历史文化,其中也孕育出了一大批能工巧匠,逐渐产生了具有中国传统色彩的工匠精神。

1. "良工不示人以朴"的责任意识

优秀的工匠不会把没有加工做好的玉给别人看,展现了工匠在器物的制作过程中追求品质、严格要求的责任意识。一方面,在封建社会中,工匠制物很长一段时间是服务于士大夫阶层的需求,宫廷精美的物品都是由专门的工匠进行制作。物品的质量和品质对工匠来说是非常重要的。另一方面,古代社会对工匠管理实行匠籍制度,工匠依次编入匠籍,凡是编入匠籍的工匠,终生不能够脱离,而且家族后代必须有人做工匠,手艺代代相传。终生为匠,不得脱离,这也就意味着,工匠必须对制作、打磨的每一件器具,高度负责、全心投入。毕生作为工匠,意味着工匠必须对自己从事的行业有足够的投入和热爱,必须有着高度的责任意识。古代工匠的管理制度也在很大程度造就了工匠对工作的极度投入和高度负责的技术责任意识。

2. "技可进乎道,艺可通乎神"的探索意识

一是古代工匠在器物制作过程中,经过大量的生产实践,积累了丰富的经验。古代工匠在从事生产制作的过程中,追求技艺的不断提高,逐渐近乎道,即探寻事物自身发展的内在本质规律。二是求道,表现为对事物自身组成要素、性质、发展规律都进行深入分析把握。以中国古代的瓷器制作为例,瓷器需要用黏土、瓷石、瓷土、石灰釉等作为原料,而工匠在长期的制作过程中,对硅、铝、铁、铜等组成元素的化学性质有了一定的了解,形成了朴素的科学观念,为中国早期的自然科学发展积累了实践经验。工匠在技艺方面的逐渐提高,会逐渐接近客观事物发展的内在本质,"技进乎道"的过程正是古代工匠积极追求、不断探索的最高体现。

3. "如切如磋,如琢如磨"的求精意识

作为匠人,最典型的特点是对自己的手艺有着近乎完美的苛求,苦心孤诣,一丝不苟,在提升过程中不断地追求技术的极致和完美。一方面,手工业制造需要高度专注、持续提高的操作过程,这个过程要求工匠必须心手合一、忘我投入。精益求精在古代工匠身上有着淋漓尽致的体现。例如,古代工匠在加工玉器的过程中,必须要反复经历几十道工序,确保品质,古代青铜器的制作必须要严格控制原料、温度、配比等要素,确保制作的品质。另一方面,古代工匠造物大多直接受命于宫廷,由于宫廷对器物的品质要求极为苛刻,工匠必须对器物不断雕

琢、反复打磨，直至完成。精益求精、极致完美，就成了古代工匠必然要遵循的制作要求。

4.＂尚法天地，天人合一＂的价值追求

古人讲究天、地、人的和谐统一，强调人和天地自然的协调存在。实践是人类自身发展的重要途径，工匠的职业本身就含有实践的要求，强调实践的重要作用。实践本身就是认识自然、改造自然的客观过程。在实践过程中，古代工匠主张主体和客体的统一，人和自然环境的和谐统一。天人和谐的思想是古代工匠追求的极高价值取向，代表了封建社会的一种思想状态。《考工记》里面提到，天气有时令的变化，自然地理条件有差异，材料有自身的美，工匠有精巧的技艺，把这几个方面统一起来，就可以产生好的作品。天人合一的价值观念，影响了古人的思想认识，在古代工匠身上有着深刻的体现。

（二）现代工匠精神的内涵

随着社会的发展和进步，人类逐渐进入工业化、信息化时代。在科学技术的带动之下，生产力水平大幅度提高，人类已经从农业社会踏入了工业社会。在现代工业文明当中，工匠精神作为重要的组成部分，展现出了丰富的内涵。2020年11月24日，在全国劳动模范和先进工作者表彰大会上，习近平高度概括了工匠精神的深刻内涵，即执着专注、精益求精、一丝不苟、追求卓越，深刻地展现出了敬业、专注、精进、创新的时代内涵与要求。

1.敬业

敬业是工匠精神的力量源泉。敬业就是劳动者基于对职业的敬畏和热爱而产生的一种全身心投入的认认真真、尽职尽责的职业精神状态。中华民族历来有＂敬业乐群＂＂忠于职守＂的传统，敬业是中国人的传统美德，也是当今社会主义核心价值观的基本要求之一。早在春秋时期，孔子就主张人在一生中始终要＂执事敬＂＂事思敬＂＂修己以敬＂。＂执事敬＂，是指行事要严肃认真不怠慢；＂事思敬＂，是指临事要专心致志不懈怠；＂修己以敬＂，是指加强自身修养保持恭敬谦逊的态度。

敬业要求我们在感性上热爱自己的岗位，在理性上认识到自己职业的价值，在客观上恭谦谨慎地对待自己的职业。爱岗敬业是工匠精神的基础，唯有打牢基础，工匠精神才能绽放出耀眼的光彩。

2. 专注

专注就是内心笃定而着眼于细节的耐心、执着、坚持的精神，这是一切工匠所必须具备的精神特质。从中外实践经验来看，工匠精神都意味着一种执着，即一种几十年如一日的坚持与韧性。德国除了有人们耳熟能详的奔驰、宝马、奥迪、西门子等知名品牌之外，还有数以千计普通消费者没有听说过的中小企业，它们大部分"术业有专攻"，一旦选定行业，就一门心思扎根下去，心无旁骛，在一个细分产品上不断积累优势，在各自领域成为"领头羊"。其实，在中国早就有"艺痴者技必良"的说法。古代工匠大多穷其一生只专注于做一件事，或几件内容相近的事情。《庄子》中记载的游刃有余的"庖丁"、《核舟记》中记载的巧匠王叔远等大抵如此。

现代工匠要专注于岗位工作本身，全身心投入，不断提高自身专业岗位水平，在产业升级、高端制造业不断发展的背景下，适应时代要求，提升技能水平。

3. 精进

老子在《道德经》中提到："天下大事，必作于细。"注重细节、精益求精是工匠精神的关键要素。几千年来，我国古代工匠制造了无数精美的工艺美术品，如历代精美的陶瓷和玉器。这些精美的工艺品是古代工匠智慧的结晶，同时也是中国工匠对细节完美追求的体现。现代机械工业尤其是智能工业对细节和精度有着十分严格的要求，细节和精度决定成败。对细节与精确度的把握，是长期工艺实践和训练的结果，我们应通过不断的专业训练培养自身的习惯气质与专业品格。"功夫"一词，不仅指的是武功，也指各种工匠所应具有的习惯性能力。功夫是长期苦练得来的。不下一定的苦功，就不可能出细活。工匠从细处见大，在细节上没有终点。2015 年，中央电视台播出《大国工匠》纪录片，讲述了 24 位大国工匠的动人故事。这些大国工匠令人感动的地方之一，就是他们对精度的要求。例如，彭祥华，能够把装填爆破药量的呈送控制在远远小于规定的最小误差之内；胡双钱，中国大飞机项目的技师，仅凭他的双手和传统铁钻床就可产生出高精度的零部件；等等。无数动人的故事告诉人们，弘扬工匠精神、培育大国工匠是提升我国制造品质与水平的重要环节。

精益求精的工匠精神体现了工匠对高品质制造和服务的追求，体现了工匠对消费者高度负责的精神，体现了工匠对生产技术和服务工艺永不满足的追求。

4.创新

创新彰显着工匠精神的时代气息。习近平指出："创新是一个民族进步的灵魂,是一个国家兴旺发达的不竭动力。"一个民族的创新离不开技艺的创新。在现代工业条件下,对于工匠技艺的要求已经不仅仅是像传统工匠那样,只是从师傅那里学得技艺从而能够保持和发扬祖传工艺技法。实际上,传统工艺也是在传承与创新中得到发展的,我们要将传承与创新统一起来,在传承的前提下追求创新。现代机械制造尤其是现代智能制造,对工匠提出了越来越高的精度要求,即不仅要有娴熟的技能,而且要进行技术创新。每一个产品的开发,每一项技术的革新,每一道工艺的更新,都需要有工匠的创新技艺参与其中。《大国工匠》纪录片中的那些卓越工匠,不仅具有高超的技艺,而且具有强烈的创新意识和创新能力。高凤林在他参与攻关的多项重大项目中,不断改进工艺措施,不断创造新工艺,不断攻克一个个难关,从而达到了世界一流水准。创新能力,不是对以往工艺墨守成规,而是对现有的生产技艺进行大胆革新,给行业技艺带来突破性贡献,促进生产技艺水平的提升,推动社会经济的发展。

三、大国工匠精神的内涵

大国工匠精神是在工匠精神基础上的再发展,具有浓郁的民族色彩。大国工匠精神是一种大国的气魄与匠人独特的风骨,是将民族精神力量注入工匠精神中,使工匠精神的内涵层次化,促进社会工匠道德精神的普及,激发全国人民爱国意识的觉醒,增强民众的民族自豪感与荣誉感,带动工匠染上中国精神色彩,使国家认同感深深印入群众脑海,促进我国伟大民族精神的传承。

(一)匠德

匠德通俗来说就是大国工匠必须具备的基本职业道德。工匠的知识与技能水平会随着时代的变迁日新月异,但是工匠群体对于职业的热爱与担当,对技艺的坚守与执着却不会随着社会的发展、技术的更新产生改变。因此大国工匠精神是社会职业道德的凝聚,具备强大的民族精神力量,能够激发工匠群体的爱国情怀,增强民族认同感。大国工匠应该具备爱岗敬业的职业道德精神,讲究诚信的职业意识,大国责任担当的职业操守,团队协作的职业认同度,工匠传承发展的职业使命感。匠德要求大国工匠必须具备扫除一切障碍的职业勇气,勇于承担大国责任,以一丝不苟、精益求精的态度去生产制造优良的产品,以专注和坚守的品质磨砺大国工匠优秀的服务质量。大国工匠以强烈的职业使命感与责任担当，使整个社会的制造业不断转型发展，在个人利益与国家利益面前，坚定地选择以国家利益为本，追求着代代际际和传承不朽的人生理想，承担着社会发展前进的重大责任。大国工匠为了民族自豪感也要不断地付出，坚持"先为人，再为工匠，修养德性"的原则，培养敬岗爱岗、团结协作的职业德行，才能使立德之心永留工匠心中，使得大国民族精神得以继承与发扬，让大国工匠到达"不忘初心、方得始终"的澄明境界。中国精神需要大国工匠以匠德为根基，促进社会道德精神的提高。

（二）匠行

匠行主要从大国工匠的行动力出发，从工匠的技术特征方面进行分析。大国工匠应该具备精湛的技艺与卓越的学习能力，再加上丰富的技能经验，并且能在经验的基础上进行创新。精湛的技艺水平是大国工匠从日常的工作中积累出来的优秀的知识经验、方法原理、操作技能和手艺本领，是一位优秀的手工匠人赖以生存的基本能力。一位优异的大国工匠必定拥有优秀的学习能力，在不同的培训中汲取其他劳模或者示范企业的典型特征，因地制宜地带动本职技术的发展。精湛的技艺能力代表着工匠的行动力水平，能够不断提高大国工匠的专业水准，提高工匠知行合一的能力。匠行的行动基础就是工匠在科学原理与操作技术方面拥有的职业素养与行为技能。大国工匠精神的基础是大国工匠所具备的卓越技能水平。技术、质量是大国工匠的精神之本，只有拥有一流的技术，才谈得上质量过硬的产品。大国工匠通过创新能使整个社会的发展进程得到加速，所以其对技艺的追求是永无止境的。

（三）匠情

匠情指的是工匠之情，是以工匠的个人品质为依托，是大国工匠职业情感与态度的总和。持匠情，即怀持和坚守工匠情怀，这种情怀内在包含了人的个性特征与价值取向，是大国工匠精神的重要组成部分。大国工匠应当具备优秀的心理素质，对待工作专心专注，对待问题沉着冷静，以追求完美的心态处理工作中的每一点瑕疵，能够坚持自我，谦虚谨慎地对待每一次挑战。大国工匠要以积极向上的心态对待工作中出现的每一个问题，要在每一次成功与失败中汲取经验教训，对工作有认同感，在不断前进的步伐中感受十足的职业满足感。匠情满含工匠的个人特色，大国工匠应以热爱的情怀、敬畏的情怀、卓越的情怀、家国的情怀来树立正确的价值担当。

课内游戏① ——蒙面"工匠"

游戏准备：

将班级学生分为若干组,每组10人。

游戏程序：

(1)每组纵队排列相隔黑板3米,需要进行蒙眼上前在黑板上合作写出工匠两字;

(2)每组自选出一名指导员,对蒙眼的组员进行指导,不准进行身体触碰;

(3)每组组员每次出发后只能写一笔,然后由指导员指导落笔,返回时也需要指导蒙眼返回,哪一组写的更规整哪一组获得胜利。

小结提示：

引导学生平心静气,体验工匠精神的专注、精益求精的态度。

 任务二 工匠精神与技能型人才

一、技能型人才的概念与要素

(一)技能型人才概念

技能型人才是指在生产和服务等领域的一线岗位,具备一定的专业知识和专业技术,有一定程度的操作技能,具备良好道德素质,并在工作实践中能够运用自身的技术和能力进行实际操作的人员。技能型人才是国家的重要人力资源,是国家产业发展的基础,也是产业转型升级发展中的重要力量。随着社会的发展,我国对技能型人才的要求也越来越高。我国目前的人才类型大致可以分为学术型、工程型和技能型三大类,其中的技能型人才主要由职业教育培养,而高等职业教育就是培养技能型人才的主力军。

(二)技能型人才构成要素

技能型人才是一个包含了多方面因素的综合概念,对技能型人才的概念进行分析可以构建技能型人才的五大要素。

（1）较高的专业理论知识水平和较高的技能操作水平。一方面，技能不是凭空产生的，任何一项技能的获得都要有一定的文化理论知识作为内在的基础。技能型人才培养离不开学校的专业理论教学，丰富扎实的专业知识是技能型人才构成的重要因素。联合国教科文组织在《国际教育标准分类法》中规定，高等职业教育和普通高等教育是平等的，同属于教育的第五层次，第五层次中最低的是专科层次。这个分类说明，高职院校的学生起码要具备大专层次的文化知识水平。另一方面，较高的技能操作水平是技能型人才构成要素的重要部分。所谓技术，是对知识、能力、物质材料和手段的特定组合。技能型人才不仅仅要具备某一项自然技术能力，而且应该具备一种或者几种综合的技术能力，包括与自然技术经验相关的社会技术和人文技术能力。

（2）有较高的思想道德素质。一方面，较高的思想道德素质是一个人成长、成才的重要基础。思想道德素质的高低影响着一个人全方面的发展。成才先成人，思想道德素质对一个人的成长发展至关重要。较高的思想道德素质，有助于个体在学习、工作、生活之中培养正确的世界观、人生观、价值观。一个人具备较高的思想道德素质就能够抵御不良思想和诱惑，逐渐养成积极向上的人生态度，不断成长进步。另一方面，技能型人才是一个较为综合化的概念，即除了基本的知识和技能以外，具备较高的思想道德素质也是应有之义，如果没有较高的思想道德素质，就不可能真正成长为优秀的技能型人才。高等职业学校要把立德树人作为根本任务，将社会主义核心价值观和当代优秀文化理念融入技能型人才培养的全过程，强化对学生职业道德和职业精神的培养，加强实践育人、全程育人，不断提高思想政治教育工作的针对性和实效性，培养学生的诚实守信、爱岗敬业和遵纪守法意识，帮助学生形成较高的思想道德素质，培养学生良好的行为习惯。

（3）优秀的心理素质和身体素质。一方面，优秀的心理素质和身体素质是顺利完成岗位工作的重要保障。心理素质的好坏对一个人的成长发展至关重要，具备良好的心理素质才能顺利完成各种工作任务。技能型人才从事的技能岗位工作要求他们必须具备妥善处理岗位工作突发状况的能力，要能够解决生产技术操作难题，并协调配合其他生产工作人员。一线岗位工作大多比较辛苦，收入却不是很高，如果没有优秀的心理素质和身体素质就很难顺利完成岗位工作任务。另一方面，高职院校在平时的人才培养过程中，应充分考虑学生身心发展的特点,有意识地加强学生心理素质和身体素质的培养,对学生进行必要的挫折教育,让学生正确地面对成长中的各种挑战,使学生养成自信乐观、不畏困难的进取心,同时在条件允许的情况下,组织学生参加课外实践活动,鼓励学生多参加一些文体实践活动,提高身体素质,陶冶生活情操。

(4)良好的人际交往和团队合作能力。一方面,技能型人才应该具备良好的人际交往能力。人际交往对一个人来说意义重大,人不是孤立地生存在社会中,人的本质是一切社会关系的总和。人正是通过对别人产生作用而发展自己,实现自身的社会价值。良好的人际交往是一个人生存发展的必要条件,如果人际交往不能被合理满足,人就会在心理上产生失落感从而影响身心正常发展。另一方面,技能型人才应该具备良好的团队合作能力。团队合作在当今社会中愈加重要,具备团队合作能力是从事岗位工作的基本要求。现代生产中的岗位分工越来越细,一件产品的顺利生产需要多个部门间的协调配合。如果一个人不具备良好的团队合作能力,就不可能顺利完成岗位工作要求,也不可能真正成长为优秀的技能型人才。

(5)较强的岗位综合能力。一方面,随着时代的发展进步,社会对技能型人才的能力要求在不断提高,仅仅具备岗位基本能力已经不能满足职业发展的需要,现在的岗位工作需要技能型人才具备较强的综合能力。现代社会中,技能型人才的岗位综合能力显得愈发重要,并且综合能力也是一个人综合竞争力的重要体现。优秀的技能型人才必须具备较强的环境适应能力、自我学习能力、自我管理能力、职业沟通能力和职业可持续发展能力等岗位综合能力。另一方面,高职院校在技能型人才培养中,必须加强对学生岗位综合能力的培养,着眼于学生未来职业的可持续发展,提升学生的岗位综合素质,增强学生的岗位竞争力,使学生满足社会发展、科技进步对技能型人才的需求。技能型人才的成长发展,需要有较强的岗位综合能力,只有不断适应岗位发展要求来提升自身综合素质,才能满足当今社会的要求。

二、工匠精神与技能型人才的关联性

随着时代的发展,我国正处于产业结构调整与新旧动能转换的关键期,社会对高素质技能型人才的需求越来越旺盛。社会对工匠精神的关注说明工匠精神在当今社会发展中愈加重要。工匠精神和技能型人才培养具有内在的关联性,表现为两者价值取向一致、核心内涵一致、实践路径一致。

（一）两者价值取向一致

伴随着产业升级发展，中国需要由制造大国向制造强国转变，而优质产品和优质服务的背后是中国制造工匠精神的外在体现。工匠精神的核心追求是精益求精，是对产品和服务的尽善尽美，以及高度负责的价值追求。工匠精神的价值取向既是自身内涵，也是时代所需。未来的中国产业的发展必须把工匠精神注入其中，引导全社会关注工匠精神，让其成为推动国家社会发展的关键因素。

人才是国家持续发展的核心资源，是国家竞争力的根本体现。一方面，技能型人才是我国产业发展的重要力量，肩负着我国的生产制造等重要任务。技能型人才的培养必须面向社会实际，符合时代需要，满足国家产业发展的要求。高素质技能型人才必须要满足新时代要求并服务实践。另一方面，高职院校需要让学生具备较高的职业能力和职业素养。与此同时，对人文精神的培育也非常重要，踏实钻研、勤学苦练的职业态度是人文精神的必然组成部分。一个优秀的技能型人才必然具备这些综合素质，而这也恰恰是工匠精神形成的必然结果。在技能型人才培养中，同样强调实践操作的重要性。此外，不求最好、只求更好的进取精神，也是工匠精神的具体反映。所以说，工匠精神和技能型人才培养的价值取向一致。

（二）两者核心内涵一致

工匠精神是职业教育的灵魂。一方面，在职业教育技能人才培养中注入工匠精神既是国家发展的客观需要，也是两者核心内涵高度一致的体现。将工匠精神融入产业升级之中是当前经济发展的客观要求。工匠精神的本质是对生产和服务高品质的极致追求，核心内涵是专注投入、极致追求的职业精神和职业态度。另一方面，高职院校肩负着为我国现代化建设输送时代需要的优质技能人才的任务。技能型人才的培养必须要满足社会需求，而当今社会对优质产品迫切需求的背后正是对工匠精神的期待。高品质的产品必然要求具备工匠精神的高素质技能人才去生产制造。

一方面，社会产业升级，新旧动能转换，当今社会对高品质、高质量产品的要求越来越高，社会对工匠精神的呼唤越来越强，高品质、高质量的产品越来越受到欢迎。另一方面，高职院校的毕业生，由于专业岗位技能不过硬、职业能力不强，而无法顺利就业，这恰恰是人才培养中缺乏工匠精神的结果。新时代发展背景下，一边是社会强烈需求具备工匠精神的技能型人才，另一边是缺乏工匠精神的劳动者面临严峻的就业形势,而工匠精神的培育作为解决两者矛盾的关键,体现了两者核心内涵的高度一致。

(三)两者实践路径一致

工匠精神和技能型人才培养的实践路径具有一致性。一方面,工匠精神不是空洞的理论文字,它本身具有鲜明的时代特征,是我国当今产业发展需要重点关注和培养的核心要素。它最现实的价值在于,我国当前的社会生产向高品质、高质量转变必须坚持质量第一、品质第一,而工匠精神自身所包含的创新进取也是推动产业结构优化升级的重要因素。几次政府工作报告都突出强调了工匠精神,更表明了国家对于工匠精神的高度关注。另一方面,国家已经从制度保障、社会宣传、经费支持、人员调整等方面为全社会工匠精神的培育创造了条件。工匠精神的培育必须强化实践磨砺,要让学生在实训、实习中增强吃苦耐劳的意志品质,掌握岗位技术技能,培育其创新创业能力。

对技能型人才的培养需要在理论与实践结合方面下功夫。首先,高职院校在学生培养方面必须强化实践意识,以学生的岗位职业能力为着力点加强专业能力和综合能力的培养,密切关注国家发展对技能型人才的实际需求,以技能实践操作为突破口,精准对接岗位需求。其次,高职院校在人才培养中需要整合、协调多方力量,深入开展校企合作,全方位、多渠道、协调推进,在育人实践中,真正把工匠精神贯穿到方方面面。最后,技能型人才的培养必须通过有效的实践育人过程才能实现,高职院校要以社会需要、岗位需求为指引,强化实践技能,培育综合素质,真正做到高职育人的要求。工匠精神的培育是社会实践的结果,技能型人才的培养同样离不开实践,两者在实践路径上具有一致性。

课内游戏 ② ——燃烧吧,非遗工匠

游戏准备:

彩纸、剪刀、铅笔、直尺等。

游戏程序:

(1)集体观看剪纸视频学习;

(2)以个人为单位进行剪纸体验;

(3)与同学进行作品的互赠;

(4)作品上传优学院。

小结提示:

专题二 工匠与工匠精神

党的二十大报告指出,全面建设社会主义现代化国家,必须坚持中国特色社会主义文化发展道路,增强文化自信,围绕举旗帜、聚民心、育新人、兴文化、展形象建设社会主义文化强国,发展面向现代化、面向世界、面向未来的,民族的科学的大众的社会主义文化,激发全民族文化创新创造活力,增强实现中华民族伟大复兴的精神力量。

剪纸出自劳动人民之手,内容广泛、题材多样,花鸟、鱼虫、禽兽、戏曲人物、神话和民间故事无所不包。一张张彩纸经由剪剪刻刻,一只只伶俐的飞鸟、一个个乖巧的小动物和一朵朵充满魅力的花儿便跃然眼前。这中间体现出百姓对生活的热爱,更表达了劳动人民对美好生活的向往和追求。

传承非物质文化遗产不仅仅是让我们了解历史,更是让社会上的优秀创新型人才用新视角、新理念、新技术、新方法,去推动并策划,让剪纸成为一种具有中国精神和理念的代表性工艺产品,让传承人的作品和精神得到中国社会乃至国际社会的普遍认可。

任务三 培育工匠精神的价值与路径

一、培育工匠精神的价值

中国梦,不仅需要大批科学技术专家,同时也需要千千万万的能工巧匠。更为重要的是,"工匠精神"作为一种优秀的职业道德文化,它的传承和发展契合了时代发展的需要,具有重要的时代价值与广泛的社会意义。

(一)培育工匠精神是中国制造昂扬前行的精神源泉

经过改革开放 40 多年的发展,我国早已成为世界第一制造业大国。尽管我国成了"世界工厂",贴着"MADE IN CHINA"标签的产品在世界随处可见,大到汽车、电器制造,小到制笔、制鞋,国内许多产业的规模已居于世界前列,但这里面却依然缺少真正中国创造的东西,这严重损害了中国企业和中国品牌的形象。在一些业内人士看来,我国制造业大而不强,产品质量整体不高,背后的重要根源之一就是缺乏具备"工匠精神"的高技能人才。为实现中国从全球制造大国到制造强国的跨越,2015 年 5 月 8 日,国务院正式印发《中国制造2025》,提出了中国政府实施制造强国战略第一个十年的行动纲领。中国要迎头赶上世界制造强国,成功实现中国制造 2025 战略目标,就必须在全社会大力弘扬以"工匠精神"为核心的职业精神。只有当敬业、精益、专注、创新的"工匠精神"融入生产、设计、经营的每一个环节,实现由"重量"到"重质"的突围,中国制造才能赢得未来。

(二)培育工匠精神是人民实现品质生活的重要保证

工匠精神本身就意味着高质量,甚至高技术含量,在科技日益发展的今天尤其如此。要推进供给侧结构性改革,就离不开人们对工作的认真负责,离不开人们对产品的精心打磨。如果我们能静下心来,远离浮躁,对待品牌能像对待生命一样去精心呵护,那么我们一定能打造出更加完美的产品,创立属于自己的真正品牌。如果我们能认真坚守每一个品牌,对产品质量提出高要求,严谨地对待每一项技术革新,做到手到、心到、神到,真正为我们的顾客提供质优价廉的商品,努力为顾客提供满意服务,那么中国的经济迈向中高端也就有了长盛不衰的源泉和动力。工匠精神的核心是从客户的角度出发,运用专注的精神打造卓越的产品升级,为此,每一个企业和从业人员都应该拿出精益求精的态度,只有为客户提供物美价廉的产品和满意的服务,才能帮助我们告别低端供给的时代,走向中高端的经济发展道路。

(三)培育工匠精神是技术技能人才持续成长的道德指引

尊重员工的价值、启迪员工的智慧、实现员工的发展,不仅是员工个人成长的强烈需求,同时也是现代企业的责任和使命。"工匠精神"作为一种职业精神,是企业员工提升个人精神追求、完善个人职业素养、实现个人成长进步的重要道德指引。事实上,企业员工所具有的高尚职业操守和"工匠精神",同拥有较高专业知识技能一样,是其自身立足职场的重要条件和在未来职业生涯中脱颖而出的制胜法宝。

二、培育工匠精神的路径

"工匠精神"是职业教育的灵魂,是每一个接受职业教育的人所应该努力追求的一种人生境界。"十年树木,百年树人",对于一个国家来说,培育工匠精神是一个漫长的过程,社会、学校、企业、学生应形成合力来更好地助推工匠精神在神州大地上开花结果。

(一)树立匠心,加强专业认同与职业认同

在我们的文化传统里,工匠在古代等级社会中一直处于社会下层,在职业

"士农工商"的排名中,工匠往往处于不利地位。而当代中国虽早已是世界工厂,但社会对于工匠的偏见依然存在,很多初、高中生毕业升学都会直接选择去读大学,从而导致我国职业技能人才比较短缺,尤其是中、高级技能人才短缺的问题比较突出。

(1)要树立匠心。曾几何时,出国抢购电饭煲、马桶盖等事件频频发生,引起社会的广泛关注。从这些新闻中,我们要明白中国经济必须由"中国制造"转为"中国智造",这就需要中国企业践行好工匠精神,对产品精益求精,用心做好服务,悉心打磨工艺。工匠精神,匠心为本。有没有工匠精神,关键是看有没有一颗安于默默无闻、执着于追求卓越的匠心。于国,匠心之士为重器;于家,匠心之士为顶梁柱;于人,匠心之士为楷模。

(2)要加强宣传教育。要从中华优秀传统文化中汲取营养,不断赋予其新的时代内涵,引导全社会深刻认识培育和弘扬工匠精神的重要意义,大力倡导尊重劳动、尊重知识、尊重人才、尊重创造的社会价值观,尊重一线员工和专业技术人员的劳动,形成推崇工匠精神的良好社会氛围。

(3)要完善制度机制。比如,可以建立健全评价机制,设立与工匠精神有关的奖项,评选奖励优秀一线员工和专业技术人员,引导人们在工作中做到精益求精。

(二)知行合一,主动进行专业实践

"十四五"规划中明确地提出了针对职业技能培养的模式:"加大人力资本投入,增强职业技术教育适应性,深化职普融通、产教融合、校企合作,探索中国特色学徒制,大力培养技术技能人才"。因此,学校和企业进行深入合作是职业院校发展的大势所趋。学校应根据学生发展需要在企业和学校设置不同类型的岗位,密切学校和企业的互动交流,充分利用双方资源,实现优势互补,以岗位建设为纽带,强化工匠意识,增强技能水平。

(1)学校创造环境。每个二级教学学院或专业教学系,都要与一个专业相同或相近的企业(公司)进行产教融合,形成合作办学、合作育人、合作就业、合作发展的"四合"人才培养机制。

(2)企业提供机会。企业的部门负责人可以到学校相关专业的二级学院和专业系、部兼任教学管理负责人助理,或者在相关专业的教研室兼任副主任岗位工作。这些岗位设置可以使得企业有效参与学校的专业建设和人才培养方面的工作。

(3)学生积极参与。学生可以到和自身专业对接的企业部门、车间等相关岗位进行顶岗实习,体验企业的生产经营活动,增强专业实践能力,提升自身专

业技能,在实际岗位工作中深化对工匠精神的理解。

（三）敢于亮剑,积极投身技能大赛

实干才能兴邦,国家的繁荣昌盛和人民的幸福生活,需要祖国的有为青年努力奋斗,而年轻人的奋斗不是蛮干,而是需要不断打磨自身技术水平,提高自身专业素养。习近平说:"历史和现实都告诉我们,青年一代有理想、有担当、国家就有前途,民族就有希望,实现我们的发展目标就有源源不断的强大力量。"

职业技能大赛是我国目前各个行业中职业技能水平发展成果的展示,这既是选手们比拼技艺的舞台,也是大家进行学习和交流的平台。在这里,参赛者可以充分地展示出个人所具有的职业技能水平,观看者也能从中学习到精湛的手艺和娴熟的技术,这也能促进我国的职业技能水平不断提升,可以说是一举多得。

为了不断激发广大职工和青年学子学习技能、钻研技术,推动技能成才和技能报国,社会面向大学组织了一系列的技能大赛,如全国大学生机器人大赛。全国大学生机器人大赛又名"全国大学生机器人电视大赛",是由中央电视台主办,科技部高新技术发展及产业司、国家"十五"863计划机器人主题、中国自动化学会机器人竞赛工作委员会协办的全国大学生科技活动。该大赛自2002年开始每年一届,为"亚太大学生机器人大赛"选拔中国大学生的优秀代表队,每届一个主题。该项大赛的目的是培养和开发全国大学生的聪明才智与创新精神,展示当代大学生机器人制作能力与高新技术应用水平。

首届中国"互联网+"大学生创新创业大赛,以"'互联网+'成就梦想,创新创业开辟未来"为主题,由教育部与有关部委和吉林省人民政府在2015年共同主办。大赛旨在深化高等教育综合改革,激发大学生的创造力,培养造就"大众创业、万众创新"的生力军;推动赛事成果转化,促进"互联网+"新业态形成,服务经济;以创新引领创业、创业带动就业,推动高校毕业生高质量地进行创业、就业。

为了进一步提升大学生创新思维,全面推动软件行业发展,促进软件专业技术人才培养,为国家软件产业输出有创新能力和实践能力的高端人才,提升高校毕业生的就业竞争力,教育部示范性软件学院联盟自2008年开始举办全国大学生软件创新大赛。

近年来,我国职业教育发展迅猛,并逐步形成了自己的文化优势。我们应该乘着发展的东风,把自己塑造成综合性人才,主动实现高质量就业,积极参与社会发展。不管是产业工人还是工匠人才,都是为了促进我国制造业的发展和完成祖国的建设大业,因此,作为当代高职学生应时刻牢记这种以天下为己任的信

专题二 工匠与工匠精神

念,在成为大国工匠的道路上坚持不懈地探索。

课内游戏 ③ ——我看到的未来

游戏准备:

将班级学生分为若干组,每组10人。

游戏程序:

每组以"我看到的未来"为开端,以"原来这就是工匠精神"完成故事接龙。

示例:

A:我看到的未来有一条巨龙从东方升起。

B:这条巨龙披着红色的五星红旗。

C:有一天,这条巨龙来到了长江边上低头喝水。

D:水的颜色逐渐变红。

E:原来是……

(依次接龙)

F:原来这就是工匠精神!

小结提示:

党的十八大以来,习近平总书记站在实现中华民族伟大复兴中国梦的全局高度,对大力弘扬劳模精神、劳动精神、工匠精神作出一系列重要论述,强调劳模精神、劳动精神、工匠精神是"鼓舞全党全国各族人民风雨无阻、勇敢前进的强大精神动力"。

案例与实践

孔祥瑞:港口工人的技能英雄

"我是一名普通的工人。"走到哪,他都喜欢这样介绍自己。

身为天津港第一代门座起重机司机,在宽度不足45厘米的百级台阶上,他高大的身躯半悬空中攀上爬下30年；身披煤尘，手持对讲机在长6公里的自动化作业线上查巡，寒来暑往，走了千余天。

"他是一名响当当的港口工人！"熟悉他的人则喜欢这样评价他。

作为全国劳动模范、2006年度中华技能大奖获得者，他主持技术创新项目150余项，累计为企业创造效益8400多万元。

他的女儿说，爸爸工作时就像一尊被煤染黑的雕像，唯有生气的是炯炯有神的眼睛；工友们说，他是一尊聚集了咱们精、气、神的时代雕像，是令人起敬的技能英雄。

他，就是孔祥瑞，天津港中煤华能煤码头公司操作一队队长兼党支部书记、全国优秀共产党员。

"咱是操作工人，但不能只会操作，要敢于和善于革新改造设备缺陷。"

天津港是我国第二大煤炭下水港，孔祥瑞工作的煤码头公司位于天津港南疆港区。2003年底，他由指挥门座起重机改换到指挥进口的世界先进的系统联动传输设备。

"孔队长又有一项技术革新项目'取料机卷筒防出槽机电改造'正申请国家专利"，记者在操作现场听维修班班长王新合娓娓述说。

今年1月14日，孔祥瑞从对讲机中接到报告：取料机备用电缆"抻"断了，系统停机！原来是煤码头公司电缆表面结冰，导致电缆直径增加，超出卷筒半径溢出来，发生电缆拉断的事故。孔祥瑞快速赶到，问："以前出过这种事吗？"工人答："出过3次。"孔祥瑞没有简单处理完故障就了事，而是和工人们当场商量，在滚筒的上方加装挡板，控制电缆盘起时超高，再在滚筒电缆槽的两壁各加装一个限位开关，这样既可以保护电缆，又可以防止电缆出槽。

煤码头公司现有堆存和取装系统设备11台，装有动力电缆卷筒和控制电缆卷筒22个，安装了防出槽、脱落保护装置后，可以避免电缆再损坏，仅此一项每年就为企业节约维修成本100万元以上。而这两项开关的研制及安装费用每台设备不足3000元。

孔祥瑞的创新与发明，都是紧贴生产实践，实用有效。电工王树理随手掀开门机高压电缆苫盖介绍说，这是孔队长2003年主持改造的高压电缆保护装置，原理并不深奥，但巧妙地解决了门机移动保护电缆槽的难题，这在全国沿海港口是首例，"他观察视角独特，能看到别人看不出来的症结，分析方法超前，能想出别人想不来的点子"。

孔祥瑞另一项被国家知识产权局授予实用新型发明专利的"门座起重机中心集电器",同样出自操作一线。那是1999年7月1日酷热难当的下午,时任天津港第六港埠公司门机队队长的孔祥瑞得知1号门机的中心集电器突然烧毁了。门机被太阳晒了一天,黑咕隆咚的机房如"桑拿房"般闷热,孔祥瑞第一个钻进去。不一会儿,他和随后的张永建等5名技术骨干的工作服全被汗水湿透了。连续修了10个小时,门机恢复了生产,6个人喝了整整5箱矿泉水。这对孔祥瑞的刺激特别大,"设备出问题,只能出一次,今天的汗水不能白流,累不能白受"!

转天,孔祥瑞带领技术骨干成立了攻关小组,改造中心集电器。有的技术人员嘀咕,这是美国公司的成熟产品,我们几个人干得了吗?孔祥瑞信心十足,只要有时间就召集攻关小组在一起查图纸、找资料,解决了中心集电器高度、强度、保护等问题,但是在整体连接方式上,却束手无策。一天吃过午饭,孔祥瑞观察一辆汽车进港送货,突然来了灵感,一拍大腿:"有了!"汽车的万向传动轴有比较大的调整范围,正好适合中心集电器的连接使用条件。受此启发,他们着手重新测试、设计,试验一次成功。这项技术革新得到了港口机械专家的充分肯定,孔祥瑞和同事共同发表了论文,获得国家专利,还被生产厂家广泛地应用在新产品中。

孔祥瑞多年形成现场设备使用"三必改"原则,即:不利于生产的必改,存在安全隐患的必改,不便于维修保养的必改。"维修、抢修固然要紧,不让问题发生,不当救火队,才是真功夫!"他随身带着日志本,上面密密麻麻记录着他巡视设备时发现的问题、解决的思路。他对队友们说,"咱是操作工人,但不能只会操作,要敢于和善于革新改造设备缺陷。"

"当今,工人有了知识、有了技能,才能有力量!"

2001年,天津港提出冲击货物吞吐量亿吨大港的目标,第六港埠公司作为全港最大的装卸公司,承担着1/4的任务,比上年增加30%。门机队有18台门机,歇人不歇马,全天候作业。

孔祥瑞天天站在门机下面看,琢磨还有什么潜力可挖。3月的一天,他站在货船上,近距离观察门机抓斗的动作,发现抓斗放料时,起升动作间有短暂的停滞。用秒表一掐,16秒左右。能不能利用这个空当,提高门机效率呢?

于是孔祥瑞和队里的技术骨干研究攻关,革新门机抓斗的"中枢"——主令控制器,将手柄移动轨迹由"十"字形增加成"五角星"形,使抓斗起升、闭合控制点合二为一,用一个指令完成,成功地节省了15.8秒。一周之内,孔祥瑞带领工人改造了18台门机,每台门机平均每天多装卸480吨,保证全年完成生产任务

2717万吨,增加利润 1620 万元。

通过这项创新,孔祥瑞深深体会到,港口工人不仅要用汗水,更要用科学技术和聪明智慧为国家和企业创造效益,这是新的使命和责任,"我最喜欢唱'咱们工人有力量',当今,工人有了知识、有了技能,才能有力量!"

2002 年,"门机主令器星形操作法"被天津市总工会以孔祥瑞的名字命名,成为全市职工十大优秀操作法之一。

1972 年,年仅 17 岁的孔祥瑞进入天津港工作时,仅有初中文化程度。从这起步,孔祥瑞一点一点地把当时先进的门机设备的全部零件"啃"得清清楚楚,把十几吨的大家伙变成了自己的"铜肩铁臂"。30 年来,他摸索出适合自身的"专学专用"法:"专学"——将所学的对象跟设备需要和实际操作紧密联系起来,弄不懂的找技术人员请教;"专用"——把学到的知识全部用于日常的工作,持之以恒,不仅所学的知识系统了,而且在操作中得心应手。孔祥瑞把"专学专用"看作一线工人的岗位优势。今年,他被评为了高级工人技师。

"这点小伤不算啥,脚趾差点掉下来咱都没吭声!"

一提起孔祥瑞身上的伤,他的爱人陈秀慧就忍不住掉眼泪。由于日复一日在舷梯上爬上爬下,孔祥瑞患有严重的滑膜炎,两个膝盖里全都有积液,可他硬是忍着钻心的疼在台阶上上上下下,不吭一声;由于长年累月穿着密不透风的连体工作服,成股顺着皮肤流淌的汗水在孔祥瑞的腰间沤出了大大的粉瘤,他愣是咬着牙,在三伏天,带着长 3 厘米、深 2 厘米的手术伤口未曾休息一天;由于赶工心切,本需 8 个人操作的换钢丝绳,他带领 3 个工友完成,可大功即将告成之际,卸下来粗粗的钢丝绳却狠狠地撞击在他的胸口,几天几夜疼得他直不起身,更无法入睡。

采访中,经不住记者的请求,孔祥瑞脱下袜子,已经变了形的右脚大脚趾留下曾经被重重的铁滚子碾压的印记;还有那变了形的左手食指,指甲已经裂成两半无法愈合,从指甲里面伸展出来的一条深深的疤痕一直延伸到第一指节处,留下曾被钢丝绳"轻轻"扫过的痕迹。

"这点小伤不算啥,脚趾差点掉下来咱都没吭声! 这是咱男子汉的'勋章'!"孔祥瑞摆摆粗糙的大手,呵呵一笑。

对工友,孔祥瑞可真是掏心窝子。2004 年 9 月 4 日,一队 36 岁的职工李金忠的心脏主动脉出血,孔祥瑞张罗把他送进医院,当得知他家里刚刚买了房子,一时凑不齐住院押金时,孔祥瑞马上打电话联系妻子,取来了自家的 2.4 万元钱。

李金忠经抢救无效去世后,家庭有困难,孔祥瑞在全队动员募捐,并第一个捐出500元。短短两天时间,全队职工捐款1.3万元。当孔祥瑞带着同事的心意去慰问时,没在李金忠家吃一口饭、喝一口水。去年春节,他与副队长龚庭刚带着慰问金一天走访了6户困难工友,中午两人喝羊汤、吃烧饼,仅花了6元;今年春节,他与副队长贾铁柱走访了17户困难工友,中午两人吃云吞,共花了12元。

(资料来源:吕忠怿. 时代先锋:港口工人的技能英雄[EB/OL]. 2006 – 11 – 01 [2022 – 03 – 15]. http://news. enorth. com. cn/system/2006/11/01/001449897. shtml.)

 身边故事②

"大国工匠"胡双钱35年无悔的坚守

胡双钱,中国商飞上海飞机制造有限公司高级技师,现任中国商飞上海飞机制造有限公司数控机加车间钳工组组长,主要负责ARJ21 – 700飞机项目零件生产、C919大型客机项目技术攻关和青年员工的培养,先后获得"上海市质量金奖""全国五一劳动奖章""全国劳动模范"等荣誉。

"上海市质量金奖""全国五一劳动奖章""全国劳动模范",这诸多荣誉,都集中在一名普通的技术工人身上。他,就是中国商飞上海飞机制造有限公司高级技师、数控机加车间钳工组组长胡双钱。

父母的希望

1960年7月,胡双钱出生在一个普通的工人家庭。也许,在父母的眼里,"技术"就是一门"手艺",一门能够谋生的手艺。父母希望他能学会一门手艺,掌握一项可以安身立命的技术。在父母的教诲下,成为一名技术工人的梦想,早早地在胡双钱心里扎下了根。

与一些人相比,胡双钱是幸运的。1977年,中断了10年的高考制度得以恢复,中国由此重新迎来了尊重知识、尊重人才的春天。那一年,胡双钱刚好中学毕业,他如愿进入了5703厂技工学校(上海飞机制造厂技校)。

更幸运的是,在技校学习期间,胡双钱跟着老师参与了运 – 10飞机零部件的加工生产,有了一次难得的实践机会。他十分珍惜这次机会,虚心向师傅请教,苦练操作技能,从不轻易放过每一个问题。

由于飞机的零件加工都是一些精度要求高、技术难度大的精细活,他从中学到了许多技巧和方法。功夫不负有心人!经过理论学习和技术钻研,胡双钱很快就能独立操作机器了。

20岁那年，上海航空工业(集团)有限公司组织技术大赛，年轻的胡双钱积极报名参赛，在赛场上一鸣惊人，取得了第四名的好成绩。后来，凡是遇上技术比赛，胡双钱就踊跃报名参加，因为他想通过这一平台不断学习、不断钻研、不断提高。就如胡双钱所说，精湛的技术是靠长期的积累磨炼出来的。

梦想需要坚守

胡双钱从小就特别喜欢飞机，他经常跑到大机场看飞机，直到飞机从头顶上呼啸而过。此时，他常常暗暗发誓："一定要当一名航空技术工人，造出世界一流的飞机。"

从技校毕业后，胡双钱被分配到5703厂飞机维修车间，每天可以近距离地接触飞机，他别提有多兴奋了。刚到飞机维修小组，他每天的活多半是跑工具间，来回取送不同的工具。虽然这工作简单而枯燥，但胡双钱没有不乐意，而是认真地做好每件事。他认为，要掌握好技术，就得从学会准确分辨和了解工具开始。一段时间后，他对工具的用处了如指掌。

实习期满后，胡双钱来到了数控车间钳工组。在车间里，他从不挑活，什么活都干，通过完成各种各样的急件、难件，他的技术能力也在慢慢积累和提高。在此期间，他见证了中国人在民用航空领域的第一次尝试——运－10首飞。这成为他一生中最骄傲的事情之一。

然而，喜悦还没散去，运－10由于多种原因最终被放弃。一时间，胡双钱很有些失落，没飞机产品干了，内心有说不出的难过，但却只能默默地放在心里。

运－10被放弃后，原本聚集了一大批航空人才的上海飞机制造厂渐渐冷清下来。说起这段经历，胡双钱有些哽咽。当时，因为没活可干，不少技术人员离开了工厂，到外企、私企就职，这支好不容易聚集起来的队伍渐渐散了。

当时，工厂门口停满了一些前来招聘技术员工的企业专车，胡双钱也收到了邀请，一家私营企业的老板甚至为他开出了3倍工资的高薪，但他拒绝了。在周围一些人的不解中，胡双钱留了下来，选择了坚守。

要生存，先把泪擦干。胡双钱相信，坚持是一种力量，是人生不断前行的动力。运－10被放弃后，工厂只能承接一些民品。就是民品，也能练技术！那段时间，他做过电风扇、大客车座椅等民品零部件的加工制造。胡双钱自豪地说，用造飞机的技术生产出的电风扇、绞肉机等民品，质量特别好，深受老百姓欢迎。

1985年4月，美国麦克唐纳·道格拉斯公司和上海飞机制造厂签署了生产

专题二 工匠与工匠精神

25架MD-82飞机的合同,又可以接触飞机了,胡双钱看到了希望,全身心地投入工作中。

谈及那段艰难的岁月,胡双钱感慨道,只有不断坚持、不断进取、不断拼搏、不断超越,才能让我们的人生道路更加宽阔,才能让我们的生命之花更加美丽、绚烂。

百分之百合格

35年,加工过数十万个飞机零件,从没出现过一个次品。这令包括中央电视台、新华社、人民日报、东方早报等各大媒体的记者们深感震惊。

要做好一件事,不难;要做好一天的工作,也不难。但是,要在35年间,不出差错,做好每一件事,却是难上加难。对于这个令人震惊的纪录,胡双钱很淡定,没有什么豪言壮语,有的只是平淡的两个字:用心。

有的时候,人生的道理归纳起来其实真的很简单、很质朴,但是,要真正领会,并身体力行,却是很艰难、很可贵的。

2008年5月11日,中国商飞公司在黄浦江畔成立,中国人的大飞机梦再次被点燃。胡双钱意识到:实现自己梦想的时候也到了。

胡双钱又忙了起来。为了让中国人自己研制的民用飞机早日在祖国的蓝天上翱翔,他常常一周有六天都在数控机加车间里,打磨、钻孔、抛光,继续书写着无差错的记录。

在他加工的零部件中,最大的将近5米,最小的比曲别针还小。有一次,在加工某定位圈时,由于零件的直径小,零件定位直口的孔径更小,而孔径深度尺寸又较长,孔径的公差要求高,通常加工完孔径的内圆尺寸后,内径无法进行打表测量,也没有专用量具。胡双钱反复琢磨,找出了一种测量内壁尺寸的方法:用块规加上标准的圆柱销进行辅助测量,通过一次次打表测量,终于使零件符合图纸的加工要求。最终,他圆满地完成了任务。

胡双钱不仅要按工作计划加工形状各异的零部件,有时还要临时"救急"。一次,厂里急需一个特殊零件,从原厂调配需要几天时间,为了不耽误工期,只能用钛合金毛坯在现场临时加工。

胡双钱再一次临危受命。

这个零件的精度要求是0.24毫米,不到一根头发丝直径的二分之一。这样的零件本来要靠先进的数控车床来完成,但当时厂里没有匹配的设备,胡双钱艺高人胆大,硬是靠着自己的双手和一台传统的铣钻床,用了一个多小时,打出36

个孔。当这场"金属雕花"结束后,零件一次性通过检验。

大飞机作为"国家名片",是中国梦的重要组成部分。打造好这张"国家名片",离不开一大批高技能人才,离不开像胡双钱这样的"大国工匠",用踏实的劳动铸就"中国梦"。

一人好不算好

如今,作为中国商飞上海飞机制造有限公司数控机加车间钳工组组长,胡双钱主要负责 ARJ21 - 700 飞机项目的零件生产、C919 大型客机项目技术攻关,并承担青年员工的培养工作。

在他眼里,自己一人好不算好,一个团队好才是真的好。

创新创业来不得浮夸,回归"工匠精神",用实干与可靠的技术、发明来扎扎实实地解决人类面临的难题、中国经济发展的困境、产业技术进步的瓶颈,是创新驱动发展的内在核心和根本保障。唯其如此,产业核心技术的获取、复杂产品的创新能力才会得到真正的提高。

胡双钱思考着,如何才能培育"工匠精神"? 首先,教育是根本。当今,在多年的应试教育思想指导下,人们关注理论,忽视实践,淡化工程。只有把团队中的所有成员有效地组织起来,把技术传授给年轻人,使大家团结在一起,才能发挥出团队的无穷力量。

这么多年来,胡双钱带出的徒弟很多。他说:"企业文化需要传承,技术也同样需要传承。技术是自己的,更是企业的,企业造就了我们,为我们的成长营造了良好的氛围,为我们展示技能创造了机会。我会毫无保留地把我的经验传授给更多的年轻人,希望他们早日成为车间的顶梁柱。"

从他身上,我们不仅看到了他作为一位长者的师德,更看到了他作为一名钳工的艺德,让人敬佩与感激。胡双钱带徒弟,不是简单地手把手教怎么干活,而是点出关键点,让他们自己琢磨、领悟。他说,这样能让他们记住操作的关键点,快速掌握关键技术。在他的指导下,在中国商飞上海飞机制造有限公司举行的两届技能大赛中,胡双钱所在班组的参赛选手每次都名列前茅。

回望走过的路,胡双钱感慨地说:"勤奋刻苦为我赢得尊严,技艺精湛让我收获荣誉,我为自己是一名航空技术工人而感到自豪。"

这就是胡双钱,一个简单而又不简单的"大国工匠"。

(资料来源:胡挺."大国工匠"胡双钱 35 年无悔的坚守[EB/OL]. 2016 - 04 - 27 [2022 - 03 - 15]. http://tv.cctv.com/2016/04/27/ARTIRjz4zUDWeaXiRbkWR5my160427.

75

shtml.）

个人实践及反思

参加劳动实践,可以是做手工创意、旧物改造等,感受劳动过程,领悟劳动真谛,反思劳动所得,并将内容填写于表2-2中。

劳动实践内容:＿＿＿＿＿＿＿＿＿＿＿＿＿＿＿＿＿＿＿＿＿＿＿＿＿

合作者:＿＿＿＿＿＿＿＿＿＿＿＿＿＿＿＿＿＿＿＿＿＿＿＿＿＿＿＿

表2-2 个人反思

反思项目	反思结果
对工匠的认知	
学习工匠什么	
如何弘扬工匠精神	
做一个什么样的匠人	

填写人:＿＿＿＿＿＿＿＿＿＿＿＿   填写时间:＿＿＿＿＿＿＿＿＿＿＿＿

小组课外实践

小组课外实践的过程见表2-3所列。

表2-3　小组课外实践

专业小能手
实践指南
活动设计:以小组为单位制订活动策划方案,充分展现三个及以上的专业技能,并制作视频进行课堂展示。 **工具使用**:录像设备、纸、笔等其他工具。 **安全保护**:采访过程中注意集体行动与安全保护

小组劳动小结	
我们的困难及 解决途径	
我们的收获	
记录人:	

劳动成果展示(用照片、图片、文字描述、第三方评语、视频、劳动作品等形式展现)

专题二　工匠与工匠精神

 课后练习

1. 为什么在当代社会工匠精神尤为重要？

2. 践行工匠精神需要具备哪些基本素质？

3. 如何能成为一名优秀的新时代工匠？

专题三 劳模与劳模精神

专题引入

目标要求

一、知识目标

1. 了解劳模的含义。

2. 理解新时代劳模精神的内涵及时代价值。

3. 理解劳模精神与职业道德的关系。

二、能力目标

1. 能够理解并继承弘扬劳模精神。

2. 能够自觉处理好劳模精神与职业道德的关系。

3. 能够自觉总结劳模精神和提升职业道德修养的路径。

三、素质目标

1. 在日常的学习工作和社会实践中可以做到尊重劳模,学习劳模。

2. 在日常的学习工作和社会实践中树立对劳模精神的认同感,并自觉培养践行劳模精神,为建设现代化强国贡献力量。

3. 在日常的学习工作和社会实践中逐步提升自身职业道德素养。

课程思政

　　劳模是优秀劳动者的代表,是时代先锋,是民族的楷模。一代人有一代人的使命,劳动的内涵在更新,劳模的标准在"进阶",但"爱岗敬业、争创一流,艰苦奋斗、勇于创新,淡泊名利、甘于奉献"的劳模精神始终是不变的秘籍。新时代、新目标、新征程,高职学生应该在日常的生活和学习工作中聆听劳模故事、体悟劳模精神,要发挥积极性、主动性和创造性,形成好思想、好品行、好习惯,扣好人生第一粒扣子,将实现个人价值与时代建设发展相结合,做一个守本分、有追求、讲作风、担使命、有境界、有修为的新时代劳动者。

知识结构图

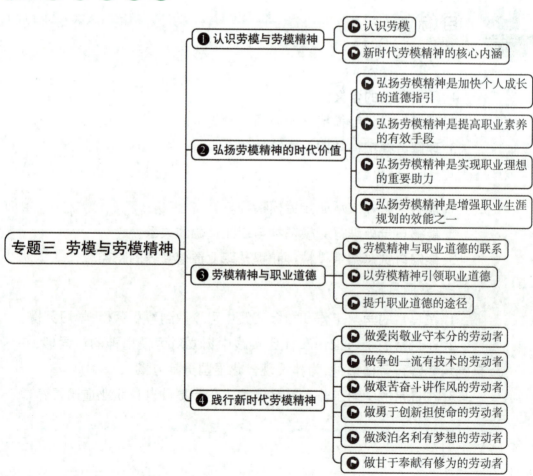

专题三 劳模与劳模精神

❶ 认识劳模与劳模精神
- ▶ 认识劳模
- ▶ 新时代劳模精神的核心内涵

❷ 弘扬劳模精神的时代价值
- ▶ 弘扬劳模精神是加快个人成长的道德指引
- ▶ 弘扬劳模精神是提高职业素养的有效手段
- ▶ 弘扬劳模精神是实现职业理想的重要助力
- ▶ 弘扬劳模精神是增强职业生涯规划的效能之一

❸ 劳模精神与职业道德
- ▶ 劳模精神与职业道德的联系
- ▶ 以劳模精神引领职业道德
- ▶ 提升职业道德的途径

❹ 践行新时代劳模精神
- ▶ 做爱岗敬业守本分的劳动者
- ▶ 做争创一流有技术的劳动者
- ▶ 做艰苦奋斗讲作风的劳动者
- ▶ 做勇于创新担使命的劳动者
- ▶ 做淡泊名利有梦想的劳动者
- ▶ 做甘于奉献有修为的劳动者

 课堂导入

请仔细阅读以下问题,并将答案填入表3-1的相应位置。

表3-1 课堂导入回答

序号	问题	答案
1	我国全国劳动模范第一次表彰的时间	
2	我国全国劳动模范每几年表彰一次	
3	你能说出三个以上新时代劳模代表的名字吗	
4	你将来是否争取做一个劳模代表	
5	你认为劳模如何推动社会进步	

对于问题,回答越明确,说明你越关注国家劳模发展,具有劳动意识和劳动精神,对劳模精神有一定的理解和感悟。

习近平在系列重要讲话中多次提及劳动模范,并论述了劳动模范的历史贡献和劳模精神的宝贵价值。2013年以来,他先后指出,"劳动模范是民族的精英、人民的楷模","一代又一代的劳动模范和先进工作者、先进人物,是我国劳动人民的杰出代表,是祖国和人民的骄傲","劳动模范和先进工作者是坚持中国道路、弘扬中国精神、凝聚中国力量的楷模","劳动模范是劳动群众的杰出代表,是最美的劳动者",充分肯定了广大劳动模范和先进工作者。2020年11月24日,习近平在全国劳动模范和先进工作者表彰大会上发表的重要讲话中强调:"劳动模范是民族的精英、人民的楷模,是共和国的功臣。我国是人民当家作主的社会主义国家,党和国家始终坚持全心全意依靠工人阶级方针,始终高度重视工人阶级和广大劳动群众在党和国家事业发展中的重要地位,始终高度重视发挥劳动模范和先进工作者的重要作用。"这些重要论述充分体现出中共中央对劳动模范成绩的高度认可,对劳动模范的殷切关怀。

2020年11月24日,习近平在全国劳动模范和先进工作者表彰大会上的讲话中指出,要大力弘扬"爱岗敬业、争创一流,艰苦奋斗、勇于创新、淡泊名利、甘于奉献"的劳模精神。劳模精神的24个字是对劳模们崇高精神的全面概括,也是引领各行业劳动人民共同奋斗的精神指引。

在国家建设发展中,劳模是各行各业的杰出代表,在他们身上体现着社会对

某一类劳动方式、劳动精神的最高评价。劳模是先进生产力、先进生产关系的优秀代表,也是先进文化的优秀代表。同时,劳模及其群体也是巩固国家政权的社会支柱、党和政府联系人民群众的桥梁与纽带。劳模以自己的聪明才智和奉献精神为国家经济建设默默无闻地作贡献,以自己的辛勤劳动推动着社会进步,以自己的崇高思想和先进事迹为全国人民树立了学习的榜样和光辉的旗帜。

话题讨论

【现象一】:

有这么一句话:"复杂的事情简单做,你就是专家;简单的事情重复做,你就是行家;重复的事情认真做,你就是赢家。"

【问题1】:请谈谈你对这句话的理解。

观点1:＿＿＿＿＿＿＿＿＿＿＿＿＿＿＿＿＿＿＿＿＿＿＿＿＿＿＿

观点2:＿＿＿＿＿＿＿＿＿＿＿＿＿＿＿＿＿＿＿＿＿＿＿＿＿＿＿

观点3:＿＿＿＿＿＿＿＿＿＿＿＿＿＿＿＿＿＿＿＿＿＿＿＿＿＿＿

【问题2】:你心目中的新时代劳模精神包括哪些品质?

观点1:＿＿＿＿＿＿＿＿＿＿＿＿＿＿＿＿＿＿＿＿＿＿＿＿＿＿＿

观点2:＿＿＿＿＿＿＿＿＿＿＿＿＿＿＿＿＿＿＿＿＿＿＿＿＿＿＿

观点3:＿＿＿＿＿＿＿＿＿＿＿＿＿＿＿＿＿＿＿＿＿＿＿＿＿＿＿

点拨指导

问题1:不管做什么事情,哪怕再小、再不起眼、再不需要什么技巧与能力,也要恒久地做到位、做扎实。做好一件事、一项工作很容易,难的是每天、每月都把要做的事情做好。一个人就是在追求日常工作的完美中成熟和进步的。能够潜心研究、努力奋斗,即使处于平凡的岗位,只要能做出不平凡的业绩来,也是一件值得庆祝的事,也是一种成功,依然值得人们尊重。社会的进步离不开各行各业劳动者的辛勤付出和创新进取。很多人都是从普通工人做起,通过日积月累的不断努力、学习钻研,持续在日常工作中展现精湛高超的技艺,最终成了企业中不可替代的技术领军人物的代表。有理想、守信念、懂技术、会创新、敢担当、讲奉献,是我们现在社会正在努力打造的一种有力可为的工人队伍,更是我们筑牢国家富强、民族振兴、人民幸福的中国梦的物质基础。

问题2:在国家建设发展中,劳模是我国各行各业的杰出代表,在他们身上体现着社会对某种劳动方式、劳动观念、劳动行为、劳动精神的最高评价。时代在变迁,每一个时代的劳模都有不同的特点。新时代的劳模精神是"爱岗敬业、争创一流,艰苦奋斗、勇于创新、淡泊名利、甘于奉献"。再平凡的工作岗位也能揭示本身的劳动价值,再普通的职业只要心怀梦想并为其竭尽全力,终究会迎来出彩的人生。

【现象二】:

辽宁省大树村前党支部书记毛丰美说要发扬苦干的"干"字精神。但也有人说:过去物质生活匮乏、经济困难,生产工具少且落后,所以劳动者只能吃苦耐劳,今天进入中国特色社会主义新时代,中国经济高速发展,物质生活大为丰富,新技术、新科技、新工具层出不穷,今天的劳动形式要借助高科技,变过去的苦干为巧干,已经不需要吃苦耐劳了。

【问题1】:你认为如今提倡劳动者具备吃苦耐劳的品质是否还有必要?

观点1:_____

观点2:_____

观点3:_____

【问题2】:你如何理解苦干、实干和巧干?

观点1:_____

观点2:_____

观点3:_____

点拨指导

问题1:周恩来曾告诫过革命后代,不要做"八旗子弟"("八旗子弟"已经成为寄生、无作为、养尊处优、游手好闲的纨绔人群的代名词)。

随着社会经济的发展和文明的进步,吃苦耐劳的精神品质在当今社会越来越凸显其时代的意义。相对于物资匮乏年代的吃苦耐劳,新时代的吃苦耐劳,不仅仅是身体上的磨炼,还需要承受起心态上和精神上的更多磨砺,更需要经得住社会上的种种不良诱惑,不要因为一时的不顺利,就放弃和否定自己。今天的青少年是未来实现中华民族伟大复兴、建设社会主义现代化强国的中流砥柱,不仅仅是参与者,更是建设者。对吃苦耐劳精神品质的培养不仅是时代对青少年提出的客观要求,也有利于青少年自身不断完善自我。

问题2:俗话说得好:"说一千,道一万,不如'两横一竖'一个'干'。"大干大变样、小干小变样、不干不变样。怎样才能将"干"字落到实处? 既要"苦干",又要"实干",更要"巧干"。第一,"苦干",就是指在做事情时,要敢于硬碰硬,敢于啃硬骨头、敢于攻坚。苦干,需要坚持"苦"字当头,少说空话,也意味着必须下更大的决心,比别人吃更多的苦、流更多的汗,付出十倍、百倍的艰辛与努力。常言道:"天将降大任于是人也,必先苦其心智。"苦干的"苦"字更侧重于精神,包含了迎难而上、持之以恒的韧劲,也包含了敢于拼搏、勇往直前的蛮劲。第二,"实干",就是指在做事情时,要实实在在、踏踏实实、全心全意为人民服务。"空谈误国,实干兴邦",言不在多,贵在实干。一切办法,只有在实干当中才能找到;一切问题,只有在实干当中才能解决。第三,"巧干"。所谓科学"巧干",就是指在做事情时,要用心干事、用脑干事。巧干不是与生俱来的,它是基于对某项工作、某件事情的深刻认识和把握,是"干"的升华,更是苦干、实干的必然归宿。

知识研修

任务一　认识劳模与劳模精神

一、认识劳模

劳模,即劳动模范。劳模有两种定义:第一种是在社会主义建设事业中成绩卓著的劳动者,经职工民主评选,有关部门审核和政府审批后被授的荣誉称号;第二种是我们党在新民主主义革命、社会主义建设、改革开放、中国特色社会主义新时代不同历史阶段,为调动和激发工人阶级的先进性、创造性、历史主动性精神,通过发现并开展树先进典型活动而表彰的优秀人物。"劳",表示劳动,这是劳模的基本前提。"模",体现了一种"示范"和"楷模"的价值导向。劳模要起到一种可近、可亲、可信、可学的榜样作用。劳模是对生产建设中先进人物的一种崇高的称谓,以表彰劳动中有显著成绩或重大贡献并且可以作为榜样的人。

劳动模范分为全国劳动模范,省、部委级劳动模范,市级劳动模范,县级劳动模范,等等。一些大企业也评选企业劳动模范。另外,"五一劳动奖章"和"五一劳动奖状"是中华全国总工会为表彰在技术创新、管理创新和体制创新中取得显著成绩,为经济建设和社会发展做出了突出贡献的先进个人和集体,是中国劳动者的最高奖项之一。

1950 年,我国召开了第一次全国劳模大会。二十世纪五六十年代,我国召开过四次劳模大会(1950 年、1956 年、1959 年、1960 年),实现了对"艰苦奋斗、无私奉献"精神的传播。从 1977 年 4 月到 1979 年 12 月,党中央、国务院举行了 5 次全国劳模表彰大会。从 1979 年到 1988 年,受各种因素影响,我国没有开展全国性的劳模评选工作。1989 年 4 月,国务院印发了《关于召开全国劳模和先进工作者表彰大会的通知》,要求"全国劳动模范和先进工作者必须热爱祖国,坚持四项基本原则和拥护改革开放方针",这个评选标准延续至今。1989 年 9 月,全国劳动模范和先进工作者表彰大会召开之后,劳模制度进入稳定发展时期。截至 2022 年,我国共进行了 7 次全国性劳模表彰,并从 1995 年开始,固定为每 5 年召开一次表彰大会,表彰年份与同时期五年规划的收官之年重合,这与国家政治、经济、社会等各方面稳步发展的时代背景密不可分。2000 年的劳模评选条件为"在本职工作岗位上勇于开拓创新,为经济建设和社会发展做出突出贡献,有较为广泛的群众基础"。2005 年,我国首次允许私营企业主、进城务工人员和下岗再就业人员参与评选。2010 年,全国劳模评选条件增加到十条,再次明确外国人、港澳台人员及持有外国绿卡的人员都不能参加评选。随着改革的深化和劳动竞赛形式的不断创新,涌现了一大批具有时代特色的知识型、专家型、复合型的劳动模范和先进人物,专业技术人员占比不断提高,劳模群体涵盖的范围也更加广泛。从 2015 年 4 月开始,全国劳模再次由中共中央、国务院表彰,充分体现出了在迈向中华民族伟大复兴的新征程中党和国家对劳模评选表彰工作的高度重视。

时代在变化,劳模的评选随着改革开放不断深入推进,劳模的评判标准和人员构成也在不断变化。刚开始,劳模是掏粪工人时传祥、"铁人"王进喜等,到后来,劳模是数学家陈景润、科学家彭加木,再后来,劳模是产业工人、运动员,到如今,劳模是生物科技人员、网络语音架构师、商场销售员、快递员。

总体而言,平凡成就伟大,劳动创造辉煌,劳动者素质对一个国家、一个民族发展至关重要。不同时期,国家发展建设的侧重点有所差异,劳模们的使命不尽相同,但在他们的创造性实践和不断探索中激发出的劳模精神,始终激励着广大职工努力奋斗,呈现着社会进步的发展方向。新征程上,劳模评选方式更加科学、评选标准更加合理、评选氛围更加广泛、评选规模日趋稳定。劳模精神也不是单一的、静止的,而是随着人民实践活动、工作实践的深化和拓展不断丰富发展、与时俱进。我们比以往任何时候都更加需要大力弘扬劳模精神,充分发挥工人阶级主力军作用,带动全社会一起拼搏、一起奋斗,为夺取全面建设社会主义现代化国家新胜利汇聚强大正能量。

二、认识新时代劳模精神的核心内涵

2020 年 11 月 24 日,习近平在全国劳动模范和先进工作者表彰大会上的讲话中指出,要大力弘扬"爱岗敬业、争创一流,艰苦奋斗、勇于创新,淡泊名利、甘于奉献"的劳模精神。24 字劳模精神是对劳模们崇高精神的全面概括,也是引领全国各行各业劳动人民共同奋斗的精神指引。

(一)爱岗敬业、争创一流

爱岗敬业是爱岗与敬业的总称。爱岗,就是热爱自己的工作岗位,热爱本职工作。工作岗位没有高低贵贱之分,也没有价值大小之别。敬业,就是以高度负责的态度对待自己的工作,忠于职守,把职业当成事业。爱岗和敬业互为前提,相辅相成。爱岗是敬业的基石,敬业是爱岗的升华。

争创一流是一种积极奋发的精神风貌,是一种凝心聚力的目标追求,可以内化为每个人的工作动力之源。劳模们积极参加技术革新、技术协作、发明创造活动,充分焕发创新潜能和创造活力,推动了我国社会生产力水平的不断跃升。

"爱岗敬业、争创一流"是劳模的奋斗目标,是劳模精神的本质特征。时代在变,奋斗的底色永远不变。全国劳动模范李素丽把"全心全意为人民服务"作为座右铭,以真诚、热情为乘客服务,被誉为"老人的拐杖,盲人的眼睛,外地人的向导,病人的护士,群众的贴心人",李素丽秉持着初心,一心投入工作岗位。"最美兵工人"唐银波利用普通铣床,借助其娴熟的手法,在鸡蛋壳(鸡蛋壳厚度仅 0.2 毫米)上铣出一个圆,且不穿破蛋壳内膜。他创造发明了"薄板跟刀压平操作法",成功破解了极板加工应力变形量大、质量不易稳定控制的技术难题。他研制的 3 种规格的极板在法国进行的失重飞机飞行试验中得到了成功应用,现已正式应用于航天、航空、核潜艇和医用制氧等领域。该项目在 2009 年获中国兵器工业集团公司创新型 QC 成果一等奖,他所在的公司成为国内首家通过工业加工满足该产品质量要求的生产单位。劳动模范以自身模范行为带动广大群众立足本职、尽职尽责、精益求精,在平凡的工作岗位上做出不平凡的业绩。

(二)艰苦奋斗、勇于创新

艰苦奋斗是一种精神追求、工作作风、生活态度,也是我们党的优良传统。劳模们所展现出来的艰苦奋斗精神是综合性、全方位的"精神链",渗透、贯穿于劳模代表们的各个方面。在建设社会主义现代化强国的今天,艰苦奋斗精神不仅没有过时,而且应该进一步发扬光大。劳动者需要继续发扬艰苦奋斗精神,始终保持昂扬向上、奋发进取的精神状态。

勇于创新的精神是各行各业创新精神的总结,是一个民族进步的灵魂,是事业发展的不竭动力。在很多职工看来,技术创新是专家、技术人员的专利。其实,普通职工经过反复研究同样可以创造出令人瞩目的新技术。一线普通工人将科学家的实验成果、工程师设计的图纸变成现实的产品,这也是一个再创造的过程。

"艰苦奋斗、勇于创新"是劳模的精神风貌和品质体现。社会主义是干出来的,新时代是奋斗出来的。2013 年前,我国 2000 吨以上的大型履带起重机全部依赖进口,并在价格、售后服务等方面受制于人,因此徐工集团高级工程师孙丽的梦想是造出中国自己的"超级起重机"。2013 年,经过孙丽和团队的大力攻关,4000 吨级履带起重机在山东烟台成功完成"首秀",实现了我国在超大吨位履带式起重机研发制造领域的突破。该设备创造性地采用模块化、集成化设计,其运用的多项技术填补了国内的技术空白。孙丽说:"为了这个梦想,我们奋斗了整整 23 年。"创新,正是劳模精神不断发展、与时俱进的时代内涵。全国劳动模范孔祥瑞坚持学习、研究,坚持不断地创新,从一个只有初中文凭的码头工人,成为一个享誉全国的"蓝领专家",主持开展技术创新项目 200 余项,创造效益过亿元,其多个项目获得国家实用新型专利。全国总工会研究室副主任李睿祎表示,劳模精神随着时代发展不断变化,实践要求越来越高,引领价值越来越大,更加强调增强创新意识、提高创新能力。

(资料来源:樊曦. 中国共产党人的精神谱系|爱岗敬业、争创一流——劳模精神述评[EB/OL]. 2021 – 09 – 21[2022 – 03 – 15]. https://baijiahao. baidu. com/s? id =1711420237049890495&wfr = spider&for = pc.)

(三)淡泊名利、甘于奉献

淡泊名利是以超脱世俗、豁达客观的态度看待一切。劳模们身上具有淡泊以明志、宁静以致远的优秀品格,把为理想奋斗当作人生快乐的源泉,用高尚的理想和情操充实自己的精神世界,不断为实现人生价值而奋斗。许多劳模几年、十几年,甚至几十年如一日地在平凡的工作岗位上默默耕耘,并且淡泊名利、脚踏实地地实现人生理想和生命价值,成为广大职工和全社会成员尊敬的先进劳动者。

甘于奉献是指为了维护社会集体利益或他人利益,个人能够自觉地让渡、舍弃自身利益的一种高尚品格,是中华民族世代自强不息的精髓。奉献是一种高尚的情操,无论时代发生怎样的变化,奉献永远是鼓舞和激励人们奋发向上的巨大力量。

"淡泊名利、甘于奉献"是劳模精神中凝结的恒久不变的核心价值和内在动力,体现了劳模不主动索取、不为名利的精神品质,是劳模精神的灵魂和底色所在。21 岁的张玉滚跟随校长来到位于南阳市镇平县的北部深山区的黑虎庙小学,从一名每月拿 30 元补助、年底再分 100 斤粮食的民办教师干起,一干就是 17 年。在黑虎庙村的路还没修好时,他靠一根扁担,把学生的课本、作业、文具挑进大山。几十公斤的担子、几十里的山路,一挑就是 5 年。张玉滚的妻子张会云原本在外打工,一个月有一两千元的收入。一场意外让他的妻子失去了 4 根手指,张玉滚便动员他妻子,让她也来到了黑虎庙小学,当起了"义务炊事员"。十几年来,他利用微薄的工资,相继资助了 30 余名儿童,没有让一个学生因贫困而失学。为了孩子,他练就一身过硬的好本领,掂起勺子能做饭,拿起针线能缝纫,课桌椅坏了他来修,校舍破了他来补……"不耽误一节课,千方百计上好每一节课",是张玉滚给自己定下的铁的纪律。缺少师资力量,他就把自己磨炼成"万金油",打造成"全能型"教师。他总说,"山里本来就闭塞,老师不多学点,咋教好娃们"。他把最美的青春都献给了黑虎庙小学,他用无私的真心照亮了孩子们的求学之路。

(资料来源:王胜昔. 改变山里娃命运的人——记全国教书育人楷模、河南黑虎庙小学校长张玉滚[EB/OL]. 2018 - 09 - 06[2022 - 03 - 15]. https://baijiahao. baidu. com/s? id = 1610873124869225260&wfr = spider&for = pc.)

崔光日作为一名基层公安干警,从警 30 年来,始终战斗在治安、缉私、缉毒、交通管理的第一线,忠诚履职,攻坚克难,为维护社会和谐稳定作出了突出贡献。在缉私大队任副队长时,崔光日带领队员进驻深山设伏堵截,查获走私车辆 50 余辆,挽回经济损失近千万元;在偏远的东光派出所任代理所长时,他在单位一住就是半年多,将该所由后进变为先进;在交警大队百草沟中队任中队长时,他组织民警每天延长 4 个小时巡逻时间,使当年辖区交通事故的发生率降低了40%。虽积劳成疾、身患重病,他仍坚守在工作岗位上,以坚定的理想信念、忘我的工作精神、乐观的人生态度,展现了新时代劳动者淡泊名利、甘于奉献的精神和道德力量。

（资料来源:张旭. 韶华不负忠诚警魂 初心不改接续奋斗[EB/OL]. 2021 - 03 - 16[2022 - 03 - 15]. https://baijiahao.baidu.com/s? id = 1694372134149296468&wfr = spider&for = pc.）

2022 年,精彩、非凡、卓越的冬奥会,青春、担当、成长的志愿者,在每一个惊艳世界的精彩瞬间背后,都有许多人默默的、细致的努力。微笑、担当并不总是在聚光灯下,冬奥会志愿者用更长瞬间、更努力、更扎实的培训来换取饱满的服务,做到"精益求精,万无一失",每一个细节都不容遗漏,有些志愿者甚至带着眼泪在坚守培训,目的是完美展现那精彩的一刻。伟大出自平凡,平凡造就伟大,立足本职、淡泊名利、爱岗奉献,这是一代代劳模的奋斗品格。劳动是一切幸福的源泉。

进入新时代以来,我国工人阶级和广大劳动群众在实现中国梦伟大进程中拼搏奋斗、争创一流、勇攀高峰,用智慧和汗水营造了劳动光荣、知识崇高、人才宝贵、创造伟大的社会风尚,谱写了"中国梦"的新篇章。人民创造历史,劳动开创未来。在劳模精神激励下,千千万万劳动者正在各自岗位上埋头苦干,以自己的拼搏付出、奋发进取汇聚成实现中华民族伟大复兴的磅礴力量。

（课）（内）（游）（戏）（1）——我来做编剧

让你当"三个和尚"故事编剧,你会如何调动他们挑水积极性?

请同学们思考并讨论:你会如何调动三个和尚挑水的积极性,好让"一个和尚没水吃,三个和尚水多得吃不完"? 请在表 3-2 中填写前后原因。

表 3-2 问题解析与阐释

问题解析	具体阐释
"三个和尚没水喝"原因解析	
如何调动挑水积极性	

任务二　弘扬劳模精神的时代价值

劳模始终是彰显革命精神、民族精神和时代精神的一面旗帜,劳模精神反映劳动模范在生产实践中的职业素养、职业能力、职业品质,弘扬劳模精神强调用劳模的先进思想、模范行动影响和带动全社会。在社会、在高职院校弘扬劳模精神可以感染并引领广大劳动者勤奋做事、勤勉为人、勤劳致富,并有利于培育德智体美劳全面发展的社会技能型人才。

一、弘扬劳模精神是加快个人成长的道德指引

党的二十大报告指出:培养造就大批德才兼备的高素质人才,是国家和民族长远发展大计,要建设规模宏大、结构合理、素质优良的人才队伍。职业院校是中国制造业人力支撑的主阵地,是培养高素质技术技能人才的摇篮,其人才培养质量关系着"中国制造2025"的战略目标能否顺利实现,决定着中国能否由"制造大国"升级为"制造强国"和"智造强国",更关乎着中华民族伟大复兴的中国梦的实现。当代高职生在将来不仅仅应是一个普通的劳动者,更应是中国特色社会主义事业不断发展的生力军。00后的他们朝气蓬勃、好学上进、视野宽广、开放自信,是可爱、可信、可为的一代,但受环境的影响,他们身上或多或少还存在着劳动意识不足、进取意识不够、奉献意识不强等现象,不利于大国工匠的培养和实现。

高职学生进入社会、进入企业、进入工作岗位都需要具备职业道德。国家、企业的发展离不开员工的积极努力、无私奉献、爱岗敬业、勇于创新,而每一个劳动者的成功也离不开社会、企业这个大舞台。纵观劳动模范的成长之路,我们不难发现,他们之所以能在平凡的岗位上做出不平凡的业绩,是因为他们具有坚定的爱国、爱企的情怀和强烈的奉献精神。很多劳模都是一线劳动者,他们不仅仅是一个企业、一个社会的"品牌",更是身边劳动者积极模仿学习的对象。因此,在高职院校弘扬劳模精神,不仅仅是对劳模精神的宣传,更是在劳模精神的指导下,将劳动模范作为标杆,让学生自觉树立以中华民族伟大复兴为己任的主人翁

精神,自觉将个人价值与社会价值融为一体,在实习、工作中顽强拼搏、踏实奋进、尽职尽责,增强职业道德。所以,弘扬劳模精神是引导我们加快个人成长的道德指引。

二、弘扬劳模精神是提高职业素养的有效手段

李克强在接见全国职业教育工作会议代表时指出:"要把提高职业技能和培养职业精神高度融合。"教育部在《关于深化职业教育教学改革全面提高人才培养质量的若干意见》中,专门强调要将职业技能和职业精神的融合放在更加重要的位置。新时代的劳模精神与职业素养在文化传承、教育导向、道德提升等方面有一定的关联。弘扬和传承劳模精神是顺应职业教育改革发展的春天,满足企业转型升级、服务地方经济发展、培养高素质技术技能人才的要求,也是提升我们隐性职业素养的有效手段。

职业教育过程不仅是训练职业技能的教学过程,更是培养职业素养的育人过程。职业素养是劳动者适应社会需求岗位的一种职业能力。就业是中国最大的民生,高职生要实现更高质量、更充分的就业,必须拥有良好的职业素养,因为职业素养是增强其就业竞争力的关键因素之一。在校园和社会上弘扬劳模精神有利于营造崇尚劳动的浓厚氛围和精益求精的敬业风气;有利于进一步激发学生的道德热情,提升学生对专业的积极性和对专业的热爱;有利于树立尊重劳动、学习劳模、争当劳模的思想意识,将劳模精神逐渐深入人们心中,在校园、社会营造良好的劳动氛围,从而可以更好地将职业教育与国家发展相结合,促进职业教育高质量发展。总之,职业素养的有无对人们的就业竞争力、职业的可持续发展和终身的发展至关重要,也是实现人才培养目标的关键要素,更是培育高素质技术技能劳动者的内在要求。因此,我们要在劳模精神的持续引领下,做弘扬劳模精神的宣传者和践行者,为成为勤于劳动、善于劳动的劳动者而不懈奋斗。

三、弘扬劳模精神是实现职业理想的重要助力

2018年9月10日,在全国教育大会上,习近平再次指出:"要在学生中弘扬劳动精神,教育引导学生崇尚劳动、尊重劳动,懂得劳动最光荣、劳动最崇高、劳动最伟大、劳动最美丽的道理,长大后能够辛勤劳动、诚实劳动、创造性劳动。"中国特色社会主义伟大事业需要依靠一代又一代中国人辛勤劳动、持续奋斗来实现。宣传、弘扬并践行劳模精神可以感染并引领我们勤奋做事、勤勉为人、勤劳

专题三 劳模与劳模精神

致富,培育并践行社会主义核心价值观,有利于培养德智体美劳全面发展的社会主义建设接班人。

我们最终都会走向职业生活,在未来职业生活中,我们都有自己的职业理想,而对劳模精神的学习有助于职业理想的实现。我们要实现人生理想、职业理想,就需要认清自我、调整自我、挑战自我,树立坚定的信念,努力完善自己、历练自己,增加自己的知识储备,培养自己的工作能力,以坚忍不拔的意志,脚踏实地地朝着既定的目标迈出坚定的步伐。劳模精神的弘扬与劳动情怀的培育,正好能够为我们职业理想的实现提供强大的精神支撑。

四、弘扬劳模精神是增强职业生涯规划的效能之一

所谓职业生涯规划,是指个体根据对自身的主观因素和客观环境的分析、总结和测定,确立自己的职业生涯发展目标,选择实现这一目标的职业,制订相应的工作、培训和教育计划,并按照一定的时间安排,采取必要的行动实现职业生涯目标的过程。近年来,我国大学生就业形势日趋严峻,就业压力不断增加,职业院校学生进入校园后最关心的就是以后就业的情况。因此,对于每一个高职学生来说,应该从学生时代就进行职业生涯规划。在校期间如何做好职业生涯规划、选择适合自己的职业方向,并努力提升自己的职业能力是每个学生必须认真思考的问题。根据自己的职业生涯规划,我们可以更加科学合理地选择适当的劳动实践来学习相应的劳动技能。优秀的职业人才需要具有职业精神、良好的职场礼仪、良好的职业心态、过硬的职业技能,因此学校要为学生努力学习提供可靠的动力,提升学生对职业认可的信心,从而为学生树立职业理想奠定基础。随着市场竞争的日趋激烈,整个社会对从业人员的职业精神要求越来越高。

作为"准职业人",职业生涯规划的有效性同专业知识的学习和职业技能的提高一样,是我们走向社会、立足社会的重要条件。我们如果仅仅具备"做事"的能力,满足岗位的基本技能要求,将很难出色地、富有创造性地完成岗位工作,同时也将会影响自己职业生涯的可持续发展。传承劳模精神、向劳模学习,有助于我们提早做好自己的职业生涯规划,并按规划的目标学习和实践,逐步树立职业道德,逐渐形成做一行、爱一行、专一行、精一行的职业信念。此外,劳模精神中的创新精神也能引导、帮助我们规划职业生涯,有助于我们提前树立正确的理想信念、传递正能量,继承爱岗敬业的精神,在未来的工作岗

位上,勤勤恳恳地从事自己的工作,也有助于自身精神境界的提升和个人职业理想的顺利实现。

课内游戏 2 ——职业兴趣测试

如何知道自己的兴趣所在? 如何选择适合自己的专业? 如何找到一份适合自己的工作呢? 根据下面职业兴趣测试,检测一下看自己属于哪种类型的人才,适合做什么工作。

第一步:请根据自己真实情况作答职业测试题(见表3-3)。

第二步:根据自己的测试得分,由高到低依次排列,看自己属于哪种类型(见表3-4)。

第三步:根据结果查看职业兴趣测试定性评判结果说明(见表3-5和图3-1)。

表3-3 职业兴趣测试题

序号	问题 (请根据自己真实情况对这些陈述进行评价)	符合实际情况的就打"√",否则打"×"
1	强壮而敏捷的身体对我很重要	
2	我必须彻底地了解事情的真相	
3	我的心情受音乐、色彩和美丽事物的影响极大	
4	和他人的关系丰富了我的生命并使它有意义	
5	我自信会成功	
6	我做事必须有清楚的指引	
7	我擅长于自己制作、修理东西	
8	我可以花很长的时间去想通事情的道理	
9	我重视美丽的环境	
10	我愿意花时间帮别人解决个人危机	
11	我喜欢竞争	
12	我在开始一个计划前会花很多时间去计划	
13	我喜欢使用双手做事	
14	探索新构思使我满意	

15	我是寻求新方法来发挥我的创造力	
16	我认为能把自己的焦虑和别人分担是很重要的	
17	成为群体中的关键任务执行者,对我很重要	
18	我对于自己能重视工作中的所有细节感到骄傲	
19	我不在乎工作把手弄脏	
20	我认为教育是个发展及磨练脑力的终身学习过程	
21	我喜欢非正式的穿着,尝试新颜色和款式	
22	我常能体会到某人想要和他人沟通的需要	
23	我喜欢帮助别人不断改进	
24	我在决策时,通常不愿冒险	
25	我喜欢购买小零件,做成成品	
26	有时我长时间阅读,玩拼图游戏,默想生命本质	
27	我有很强的想象力	
28	我喜欢帮助别人发挥天赋和才能	
29	我喜欢监督事情直至完工	
30	如果我面对一个新情景,会在事前做充分的准备	
31	我喜欢独立完成一项任务	
32	我渴望阅读或思考任何可以引发我好奇心的东西	
33	我喜欢尝试创新的概念	
34	如果我和别人摩擦,我会不断尝试化干戈为玉帛	
35	要成功就必须定高目标	
36	我喜欢为重大决策负责	
37	我喜欢直言不讳,不喜欢转弯抹角	
38	我在解决问题前,必须把问题进行彻底分析	
39	我喜欢重新布置我的环境,使他们与众不同	
40	我经常借着和别人交谈来解决自己的问题	
41	我常想起草一个计划,而由别人完成细节	
42	准时对我来说非常重要	

43	从事户外活动令我神清气爽	
44	我不断地问:为什么?	
45	我喜欢自己的工作能够抒发我的情绪和感觉	
46	我喜欢帮助别人找可以和他人相互关注的办法	
47	能够参与重大决策是件令人兴奋的事情	
48	我经常保持清洁,喜欢有条不紊	
49	我喜欢周边环境简单而实际	
50	我会不断地思索一个问题,直到找出答案为止	
51	大自然的美深深地触动我的灵魂	
52	亲密的人际关系对我很重要	
53	升迁和进步对我极重要	
54	当我把每日工作计划好时,我会较有安全感	
55	我不害怕过重工作负荷,且知道工作的重点	
56	我喜欢能使我思考、给我新观念的书	
57	我希望能看到艺术表演、戏剧及好的电影	
58	我对别人的情绪低潮相当的敏感	
59	能影响别人使我感到兴奋	
60	当我答应一件事时,我会竭尽监督所有细节	
61	我希望粗重的肢体工作不会伤害任何人	
62	我希望能学习所有使我感兴趣的科目	
63	我希望能做些与众不同的事	
64	我对别人的困难乐于伸出援手	
65	我愿意冒一点险以求进步	
66	当我遵循成规时,我感到安全	
67	我选车时,最先注意的是好的引擎	
68	我喜欢能刺激我思考的话	
69	当我从事创造性的事时,我会忘掉一切旧经验	
70	我对社会上有许多人需要帮助感到关注	

71	说服别人依计划行事是件有趣的事情	
72	我擅长于检查细节	
73	我通常知道如何应付紧急事件	
74	阅读新发现的书事件令人兴奋的事情	
75	我喜欢美丽、不平凡的东西	
76	我经常关心孤独、不友善的人	
77	我喜欢讨价还价	
78	我花钱时小心翼翼	
79	我用运动来保持强壮的身体	
80	我经常对大自然的奥秘感到好奇	
81	尝试不平凡的新事物是件相当有趣的事情	
82	当别人像我诉说他的困难时,我是个好听众	
83	做事失败了,我会再接再厉	
84	我需要确切地知道别人对我的要求是什么	
85	我喜欢把东西拆开,看看能否修理他们	
86	我喜欢研读所有的事实,再有逻辑的做出决定	
87	没有美丽事物的生活,对我而言是不可思议的	
88	人们经常告诉我他们的问题	
89	我常能借着资讯网络和别人取得联系	
90	小心谨慎的完成一件事是件有成就感的事情	

表 3-4　评分办法

类型	试题的标号														
技术型	1	7	13	19	25	31	37	43	49	55	61	67	73	79	85
研究型	2	8	14	20	26	32	38	44	50	56	62	68	74	80	86
艺术型	3	9	15	21	27	33	39	45	51	57	63	69	75	81	87
社会型	4	10	16	22	28	34	40	46	52	58	64	70	76	82	88
经营型	5	11	17	23	29	35	41	47	53	59	65	71	77	83	89
常规型	6	12	18	24	30	36	42	48	54	60	66	72	78	84	90

请统计每种类型打"√"的数目，并填在下面：

技术型 _____ 研究型 _____

艺术型 _____ 社会型 _____

经营型 _____ 常规型 _____

将上述分数从高到低依次排好，并填在下面：

第一位 _____ 第二位 _____

第三位 _____ 第四位 _____

第五位 _____ 第六位 _____

表 3 – 5　职业兴趣测试定性评判结果说明

类型	说明
技术型	喜欢现实性的实在的工作,如机械维修、木匠活、烹饪等。通常具有机械技能和体力,喜欢户外工作,乐于使用各种工具和机器设备。喜欢同事务而不是人打交道的工作。他们真诚、谦逊、敏感、务实、朴素、节俭、腼腆。
社会型	喜欢社会交往性工作,如教师、社会学家、社会工作者、咨询顾问、护士等。通常喜欢周围有别人存在,对别人的事很有兴趣,乐于助人。这种人喜欢与人而不是事务打交道的工作。助人为乐、有责任心、热情、善于合作、富于理想、友好、善良、慷慨、耐心。
经营型	喜欢诸如推销、服务、管理、企事业领导等。通常具有领导才能和口才,对金钱和权力感兴趣,喜欢影响、控制别人。喜欢同人和观念而不是事务打交道。爱户外交际、冒险、精力充沛、乐观、和蔼、细心、抱负心强。
研究型	喜欢各种研究型工作。通常具有较高的数学和科研能力,喜欢独立工作,喜欢解决问题;喜欢同观念而不是人或事务打交道。他们逻辑性强、好奇、聪明、仔细、独立、安详、俭朴。
艺术型	喜欢艺术性工作,如音乐、舞蹈、唱歌、演员、艺术家、美术家、音乐家、设计师、编辑、作家和文艺评论家等。喜欢创造性工作,富于想象力。通常喜欢同观念而不是事务打交道。较开放、好想象、独立、有创造性。
常规型	喜欢传统性的工作,如:记账、秘书、办事员等工作。有很好数字和计算能力,喜欢室内工作,乐于整理、安排事务。往往喜欢同文字、数字打交道的工作,比较顺从、务实、细心、节俭、做事利索、很有条理性、有耐性。

专题三　劳模与劳模精神

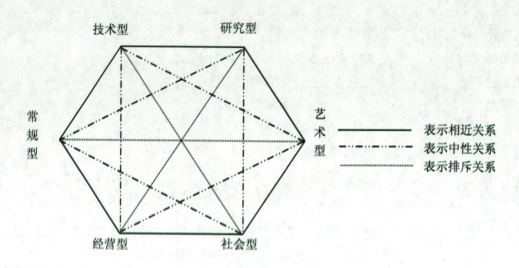

图 3 – 1   各种类型之间的关系

测评结果中,得分最高的是主要类型,排在后两位的。可以参照上面表格进行推断,比如,最高分是艺术型,而第二位是社会型,这也值得参考,若是常规型,就说明你的兴趣类型有一定的冲突,需要其他测评或指导。

 任务三   劳模精神与职业道德

职业道德是指从事某一行业的人们在长期的生产、经营、管理活动中形成的被本行业绝大多数人所接受的,且对本行业中的行为人有普遍约束力的思想观念和行为准则,主要包括职业业务、职业责任、职业纪律、职业良心、职业荣誉、职业幸福、职业权利,以及爱岗敬业、尽职尽责、满腔热血、热忱服务、精益求精、讲究质量、诚实守信、服务群众等观念。

劳模精神源于广大劳动者的从业经历,不仅与外在的职业有关,也与内在的道德有关。劳模精神与职业道德有共通性,弘扬劳模精神可以引领职业道德,而良好的职业道德对弘扬劳模精神也有促进作用。高职学生需要充分认识两者的关系,弘扬劳模精神和职业道德。

一、劳模精神与职业道德的联系

具备良好的职业道德、职业意识和职业责任是高职学生未来走入职场的前提保障。无论未来从事什么职业，良好的职业道德是良好的职业素质的前提条件。我们必须从现在起就培养和发扬主人翁的责任感和敬业精神，脚踏实地地学习、工作，尽职尽责地完成各项学习和工作任务，始终保持高昂的热情和干劲，做到干一行、爱一行，干一行、钻一行，切实提高自身职业素养，切实提高自身学习、工作水平，为中华民族伟大梦想的实现贡献属于自己的一份力量。

（一）劳模精神囊括了职业道德的基本内容

"爱岗敬业、争创一流，艰苦奋斗、勇于创新，淡泊名利、甘于奉献"的劳模精神的内涵与职业道德基本准则的"爱岗敬业、奉献社会、诚实守信、办事公道、服务群众"的内容高度契合。广大劳模身上不仅体现了精湛的业务水平，也展现了高尚的职业道德，更是爱党、爱国的体现。

（二）劳模精神为职业道德的培养提供方向

劳模精神和职业道德均以社会劳动过程为依托。在职业道德教育中融入劳模精神，可以起到鼓舞人心、振奋精神的作用，给劳动者以积极的引导。劳模是各条战线上的劳动能手，不同企业、行业、产业中的劳模所体现的劳模精神具有不同的品格，对各行各业的职业道德养成都提供了明确的培养方向和目标。

（三）劳模精神促进职业道德修养的养成

学习职业道德理论知识是提升职业道德品质的基础，但职业道德认知并不等于职业道德的养成，因此必须将职业道德与工作岗位实践相结合。劳模在工作岗位上表现出的艰苦的创新精神、忘我的劳动热情、强烈的奉献精神、锲而不舍的开拓意识，很好地体现了职业工作实际中的道德规范。因此，全社会需要弘扬劳模精神、以劳模高尚人格和动人事迹来教育和感染劳动者，使劳动者能够明白职业道德修养的重要性。

二、以劳模精神引领职业道德

（一）摆正心态学习劳模

摆正心态，人人皆可学劳模。劳模绝不平凡，并非人人皆能为劳模，但普通职工完全可以学习劳模精神、劳模的典型事迹。在党的领导下，作为一名积极上进的高职生,只要我们愿意去做,只要有心、用心,从今天做起,做好本职工作,以常心把每一件事情都做到尽心尽力,就是践行了劳模精神。

(二)树立榜样找准定位

以劳模为目标,找差距,找准自身定位。与劳模的先进事迹相比,大多数普通劳动者还存在一定的甚至很大的差距。学习劳模精神,就是要以劳模为榜样,主动找差距,学习领会劳模先进事迹的精神实质,学习劳模们的优秀品质。只要认真领会、认真践行,普通劳动者也会取得不平凡的成绩,逐渐成为行业内的佼佼者。作为在校的高职生,深刻领悟劳模精神,提高职业精神、职业道德,能够为毕业、就业和就业后的可持续发展提供坚实的保障。

(三)激发热情获得进步

激发职业热情,在本职工作中作出贡献。我们学习劳模精神并不是都需要有惊天动地的业绩,更多的是在学习劳模先进事迹的过程中,发现劳动的乐趣,激发对职业、专业的热情,对工作学习的热情,并最终在实际的工作和学习中取得进步,作出贡献。学习劳模精神绝不是盲目照抄照搬,不能因为某位劳模是钢铁公司的炉前工,就改行当炉前工;不能因为某位劳模是企业家,从此就想经商。我们要细细体会劳模精神的实质,只要尽心尽力做好每一件事情,只要有水滴石穿的坚忍精神,终将绽放光彩。

三、提升职业道德的途径

职业道德修养是一种自律行为,是从事各种职业活动的人员按照职业道德基本原则和规范,在职业活动中所进行的自我教育、自我改造、自我完善,进而使自己形成良好的职业道德品质,达到一定的职业道德境界。提升职业道德修养,提高职业道德水平,不仅是建设和谐社会、实现中国梦的基本要求,也是形成职业个体和群体美好形象、促进行业兴旺发达的内在要求。

(一)虚心学习典型模范事迹

只有学习和掌握了科学理论,才能坚持职业道德修养的正确方向。新时代的劳模为我们加强社会主义职业道德修养树立了榜样,我们要通过学习先进人物的优秀品质,不断激励自己。我们要虚心了解职业模范的典型事迹,不但要向这些模范人物学习,还要向身边的老师、同学和工厂的师傅学习,多向师傅、身边人学习,学习他们的长处,克服自己的缺点,把职业道德境界提升到一个新的高度。

（二）自觉提高职业道德修养

在职业道德修养上，自觉是非常重要的。人一旦有了自觉性，就能处处留心，时时提醒自己，严格要求自己，提升自己的职业道德水平。良好的习惯一经形成就是终身受用的资本，不良的习惯则会成为一生的羁绊，阻碍自己的发展。一个整天蒙头大睡，沉迷玩游戏、刷剧的人，不可能在梦中成就他的事业。

我们的自我管理和约束能力可能相对较低，但具有很强的可塑性和可引导性。我们若能从自己的内心培植职业道德的土壤，建立长效的自我约束机制，就会在工作中爱岗敬业、谦逊礼让、宽以待人。在感情上，我们要以为社会多做贡献为荣，以自己的劳动成果能为社会和他人带来幸福快乐为荣，更好地在弘扬劳模精神和自我教育中提升职业道德水平。

（三）积极参加社会实践活动

拓展延伸

社会实践

从身体力行的劳动中凝练经验与知识，是人类文明起源和社会发展的主要方式，也是我们从校园成功走向工作世界的必要途径。劳动锻炼帮助我们识别职业特征，挖掘与养成职业兴趣，助力职业选择；帮助我们理解劳动是创新的基础条件，培养创新能力，提升创业意识，发现创业机会；帮助我们习得并提升职业技能，形成职业规划，助推职业生涯，成就职业理想。

同时，人们优良的道德品质不是与生俱来的，而是在长期的社会实践中逐步形成和发展的。实践是人们养成道德品质的源泉，也是进行职业道德修养的目的和归宿。在领悟劳模精神的内涵、学习职业道德理论的基础上，只有不断融入社会，把自己的学习和实践活动联系起来，才能更深刻地认识自身的价值所在，正确审视自己的不足。每次处理完问题之后，我们要进行总结，吸取教训，并在社会实践中锻炼自己、提升自己、完善自己，最终提升职业道德水平。

课内游戏③——洞见生涯：人生模拟体验

人生没有写明规则的说明书，只有需要探索的必经之路。我们用一天的实践带你体验人生不同阶段。

游戏程序：

每3~5人组成一组，每小组代表一人，来模拟度过人生的不同阶段。根据选择填写表3-6，或者以绘画形式表现。

表 3-6　人生的不同阶段

	呱呱落地（选择出生）	青葱岁月（求学年代）	燃情岁月（职场前10年）	峥嵘岁月（职场后25年）	人生大结局（退休后的生活）
人生旅程	如同我们的出生一样，一开始，你并不知道自己会诞生在什么样的家庭，一切都凭天意。有的人出生便含着金钥匙，开始就拥有上百金币，无需努力就可获得功成名就；而有的人却是低起点，出身贫寒，凡事必须依靠自己；有的人出生在普通工薪阶层家庭，虽没有大富大贵，但也无所缺失。	后来，我们开始有了自己的选择，在20岁前的求学时光，我们习得手艺技能，考取学历学位，内心生长出梦想。带着父母和全家人的希望，怀揣着无尽得憧憬和梦想，我们踏入了职场并希望一展宏图。	进入职场后，为了能够生存。每个人将手中的技能、学习兑换成筹码，获得工作Offer。在忐忑不安中选择了自己的职位，又开始面临着各种各样的选择和挑战，也会经历工作、生活、感情等等中发生的随机事件，如"是否更换职业""命运无常""机会把握"等。我们机会赚取金币和筹码，也要缴纳相应的生活成本，也会与银行、其他同行人发生交易，每一次的决定都关乎未来的发展和走向。	经过前10年的财富积累，每个人都小有成就，在价值观的"拍卖场"上，我们看到了自己内心最想要的东西。人生的不确定性永远充满惊喜，可能在上一秒财富满盈，也可能在下一秒厄运加身，也正是这种不确定性，才是我们的人生。而前路有更多的无常和挑战在等着我们，如何安身立命，如何发展事业，如何应对身体健康的问题，如何维护好家庭关系，如何应对可能的危机，如何实现自己的人生梦想等等。	经历过人生跌宕，看过人间百态、体验过世间冷暖，最终迎来大结局。我们用经营一生所获得的金币、筹码，有形的和无形的资产，规划如何度过自己的余生。有人收获了一生挚友，有人投身慈善行业回报社会，有人低开高走逆天改命，也有人千金散尽追求诗和远方。回顾这一生，每个人都获得了不同的生命感悟。
你的人生轨道					
原因阐释					

游戏目的:

　　让即将步入社会的大学生通过人生模拟体验,消除迷茫与不安,亲身体验和经历职场发展的各阶段,消除进入职场的迷茫和不安;未雨绸缪做好准备,提前掌握正确的生涯认知,提前做好生涯规划和进入职场的准备;清晰职业发展方向,在游戏中体验不同职业的发展,更清晰自己的职业定位和未来发展方向。

任务四　践行新时代劳模精神

　　习近平总书记在党的二十大报告中强调"青年强,则国家强,当代中国青年生逢其时,施展才干的舞台无比广阔,实现梦想的前景无比光明。广大青年要坚定不移听党话、跟党走,怀抱梦想又脚踏实地,敢想敢为又善作善成,立志做有理想、敢担当、能吃苦、肯奋斗的新时代好青年,让青春在全面建设社会主义现代化国家的火热实践中绽放绚丽之花。"首先,堪当大任的新青年一定是有理想的青年,因为追梦需要有执着的信念领航。其次,在知识迅速更新迭代的时代,梦想从学习开始、事业靠本领成就将成为一种必然选择。最后,作为实现中华民族伟大复兴的生力军,当代青年只有把自己的人生理想融入国家和民族的伟大事业中,不惧风雨、勇挑重担才能在实现中华民族伟大复兴的中国梦的历史进程中实现人生价值,最终成就一番事业。

一、做爱岗敬业守本分的劳动者

　　做一个爱岗敬业守本分的劳动者,就是要做到学专业、爱专业、精专业。从"学专业""爱专业"开始,培育自强自立的品质,终身追求"精专业"。"学专业"是我们迈向职业生涯的第一步,我们应结合自己所选择的专业,树立正确的职业价值观和职业目标。"爱专业"是我们学好专业的关键,是在"学专业"的基础上,对自己提出更高的要求,培养自己的专业兴趣。"精专业"是我们学好专业的最终目标,就是把钻研技术当乐趣,在苦心钻研、精益求精、执着坚韧中追求完美,练就绝活。

　　专业素养是发展事业、奋发图强的基石。在新时代,我们要立足于自己的专业,尽心竭力地学好本专业知识。高职院校承担着高职学生就业和升学的双重任务,致力于培养具备综合职业能力,并且在生产、服务、社会实践一线劳动的高

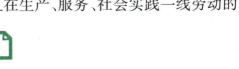

专题三　劳模与劳模精神

素质劳动者和技能型人才。高职院校各个专业的设置既考虑实用型人才的培养需要,又要满足向高等院校输送合格新生的要求。因此,我们要从自己的专业着手,热爱专业,精益求精。

业精于勤荒于嬉,行成于思毁于随。第一,我们要学好专业技能和文化知识,锤炼意志品质,培养职业素养,培养职业道德,做好专业发展规划,为更好地学习、就业、创业奠定坚实的基础。第二,要树立远大的职业理想。没有职业理想,就没有努力的方向,也就没有前进的动力。第三,要对学好专业充满自信,并为之努力,要耐得住寂寞,沉下心去学习,将学专业当成一种享受。第四,要学会积累。学技能的过程也许枯燥无趣,但我们要耐得住寂寞,勤于思考,用心去做,只有这样才能不断积累自己的专业技能。第五,要勇于创新,带着问题去学,以产出优质产品、提高工作效率、提供优秀服务为目标。第六,要不断学习新技术,掌握新趋势,尝试新实践,始终站在专业发展的前沿。

"爱"是对职业饱含热爱,"敬"是对职业充满尊重。作为将来的职场人,我们应该在职业道路上孜孜追求,干一行、爱一行、敬一行、精一行。

二、做争创一流有技能的劳动者

"千金在手,不如薄技在身。"新时代有本领的劳动者,是有技能的劳动者。第一,新时代的"技",即技能,是指在掌握生产物质产品和精神文化产品的各种技术的基础之上,个人所具有的生产、服务、加工、创造等能力。第二,把握"技"的核心要素,包括专业知识、产品认知和动手能力。第三,实现"技"的可持续提升。技能作为劳动能力,它的提升和完善离不开明确的职业规范意识、扎实的文化知识和健康的身心素质。

技多不压身,多一份技能就多一份经历,多一份经历就多一份经验。新时代是一个学习的时代,新时代有本领的劳动者更应该善思、多学、勤练。第一,善思多学,做精通各项知识的"多面手",勤于学习掌握事物发展的内在规律,开阔眼界,拓展思维,真正理解并掌握知识,做博学多才之人。第二,精益求精,掌握并灵活运用专业知识与技能。精益求精是注重细节、严谨专注、精致专一的精神理念,是一种追求向上、努力拼搏的态度。

作为高职学生,我们要在三年的时光中明白学什么、怎么学,也要善于学习,以学益智,以学修身,掌握各种本领。要不断充实和完善自己的知识结构、素质结构、能力结构,成为社会发展需要的复合型人才,做有用之才。渊博的知识是基础,过硬的技能是手段,人格魅力是软实力。

三、做艰苦奋斗讲作风的劳动者

艰苦奋斗、吃苦耐劳是中华民族自古以来的优良传统。从最初的大禹治水到如今的中国梦,历经五千年文明的发展历史,艰苦奋斗的思想不断发展丰富。《周易》中指出:"天行健,君子以自强不息。"战争年代,中国共产党正是依靠艰苦奋斗的坚强意志,用"小米加步枪"推翻了"三座大山",创建了独立的中华人民共和国。毛泽东非常重视对自身意志力的培养,他主张年轻人应到大风大浪中磨炼自己的意志力。周恩来一生坚持深入群众,与群众共患难的工作原则,体现了他吃苦耐劳、艰苦朴素的优良品格。

进入新时代,习近平提出年轻人就要撸起袖子加油干,不负韶华,艰苦奋斗。有劳动就有希望,有希望就有追求,有追求就有理想,有理想就有梦想,有梦想就有未来。正是一代又一代中国人的终身劳动孕育了伟大的中国梦,是劳动为我们插上梦想的翅膀,伟大而光荣的劳动孕育着伟大而光荣的梦想。社会犹如一部大机器,每一个劳动者的每一份工作,作为大机器的一部分,都是必不可少的。不论是体力劳动还是脑力劳动,不论是简单劳动还是复杂劳动,都是光荣的,都应当得到认可和尊重。

随着社会经济的进步和文明程度的不断提高,艰苦奋斗在当今社会中越来越凸显其时代价值。每一个学生都是建设社会主义现代化强国的中流砥柱,艰苦奋斗不仅仅是素养的问题,也关乎人生成败、民族振兴、国家强盛。这既是时代对每一个学生提出的成长、成才的客观要求,又是学生自身全面健康发展的切实需要,是当代高职生成才的必由之路和基本条件。

四、做勇于创新担使命的劳动者

创造性劳动是劳动的本质要求,建立在开放性思维和挑战性实践的基础之上。创造性劳动是从劳动的性质和形态来说的,它不同于简单的重复性劳动,而是体力劳动和脑力劳动的有机融合,也区别于辛勤劳动和诚实劳动。如果说辛勤劳动侧重强调苦干,诚实劳动侧重强调实干,那么创造性劳动则侧重强调巧干。创造性劳动突出表现为在劳动中具有勇于创新、敢于创新的精神。我们要在劳动过程中发现并运用创造性的思维解决问题,从而产生创新性的劳动成果。

要做一个勇于创新担使命的创新型劳动者,就要求我们崇尚创新,弘扬科学,掌握创新方法,提高创新能力。对创新型劳动者的要求有以下四点。第一,

专题三 劳模与劳模精神

创造性地解决实际问题,要在日常探究、日常课堂讨论、设计、动手实践、出力流汗的过程中,发展创新思维,运用知识解决实际问题,培养创造性劳动的能力。第二,创造性劳动不只是靠激情、运气、实干,还要以扎实的学识和技能为逻辑支点,因此我们需要认真对待每一门课程,丰富自身的知识涵养。第三,要热爱生活、关注生活,在生活中善于观察问题、及时发现问题、敢于提出问题,要有战胜困难的勇气和冒险精神,要有百折不挠的毅力。第四,要在日常学习、实验锻炼中掌握创新的技巧和方法,在实践中不断提高创新思维能力。

习近平说:"广大青年科技人才要树立科学精神、培养创新思维、挖掘创新潜能、提高创新能力,在继承前人的基础上不断超越。"我们生活在一个尊重知识、尊重劳动、尊重创造、尊重人才的时代,大众创业、万众创新正是这个时代的一种时尚。我们应该抓住机会,提高创新能力,不断为社会进步注入自己的力量,成为一个勇于创新担使命的创新型劳动者。

五、做淡泊名利有梦想的劳动者

一个踏实的人,不管做什么事情,必然会有条不紊,把事情一件一件都落到实处。人生需要奋斗,人既要获得物质财富,也要获得精神财富。淡泊心灵不能淡泊事业,淡泊名利是一种学会控制自我的智慧。淡泊并不是力所不能及的无奈,也不是心满意足的自赏,更不是碌碌无为的哀叹,而是实实在在地对待一切、豁达客观地看待一切。

淡泊名利的人,是谦虚的人,明白"尺有所短,寸有所长"的道理;淡泊名利的人,是胸怀宽广的人,在人与人之间发生摩擦时,在坚持原则的基础上,能够以谦和的态度对待对方。淡泊名利是做人的一种好心态,而一个人怎样才能静下心来呢?靠的是人生理想和志向,靠的是一个人的拼搏精神和顽强毅力。人生要奋斗,要拒绝诱惑,更要有自律精神。要走自己的路,做最好的自己,有了这个信念,一个人才能追求自己的人生理想,才能不被物欲所迷惑。

在淡泊名利的境界下,也一定要有追求、有梦想,也就是说我们要树立一定的职业理想。职业理想决定着人们在职业生活中的事业心和责任感,是取得事业成功的推动力,也是事业成功的精神支柱。第一,职业理想是奋斗的原动力。一个人只有树立了正确的义利观,才能树立正确的职业理想,才会拥有追求之源、奋斗之基。第二,有梦想,劳动才有灵魂。梦想不是一种学问,而是一种行动。高职学生树立了正确的职业理想后,才能做最好的自己,不被物欲所迷惑,

106

做一个踏实的、淡泊名利的梦想型劳动者。第三,要正确看待名和利,要正确看待"苦差事"与"分外事",要在报效祖国、服务人民中彰显自我。习近平说:"只要有坚定的理想信念、不懈的奋斗精神,脚踏实地把每件平凡的事做好,一切平凡的人都可以获得不平凡的人生,一切平凡的工作都可以创造不平凡的成就。"

六、做甘于奉献有修为的劳动者

做甘于奉献有修为的责任型劳动者。一"争"一"让"展现的是作风与品德。在工作上"争",是进取心的表现、是责任心的体现。在名利上"让",既是内心的淡泊明志,也是品德上的谦逊无私。但"争"要争对地方,争在工作上、学习上、表现上、干劲上,人生就会充满正能量。"让"同样如此,让出虚名、让出私利,人生就能更加纯粹而崇高。生活态度是人格温度控制器,其好坏足以影响人生的成败。积极的人生态度,是迈向美满成功的跳板。人生的方向是由态度来决定的,其好坏足以左右我们人生的优劣。因此我们要保持清醒,坚持远离现实生活中的某些"能争会让"者。担当责任是一种正能量,担当是敢于承担责任,关键时刻敢挑担子,在责任面前不回避、不推诿、不退缩。就当下来看,劳动者的担当就是能主动承担责任,敢于直面各种矛盾、困难和挑战,恪尽职守,攻坚克难。

强化责任、敢于担当,关键是树立主动负责的态度。自己做的事情要敢于承担。敢于承担,这是对每个劳动者心灵的历练,也是对一个人思想境界的提升。有些人认为,一个劳动者只要掌握足够的技能,就能傲视群雄,这种想法是片面的。一个人光有能力还不够,还需要有颗勇于担当的责任心。我们每个人都应该把工作当成一种使命,少一些计较,少一些抱怨,多一些奉献,多一些责任,工作就会是一种快乐。即便不能做出惊天动地的事,也要在平凡的工作岗位上坚守初心。习近平说:"上下同欲者胜,只要我们13亿多人民和衷共济,只要我们党永远同人们站在一起,大家撸起袖子加油干,我们就一定能够走好我们这一代人的长征路。"扣好人生的第一粒扣子,就是要树立正确的价值取向。走捷径、图虚名终究靠不住,唯有脚踏实地,厚植社会责任,强化家国情怀,正确处理好个人理想与社会理想之间的关系,方能成就自我。

在加速前行的时代,人们总是脚步匆忙,而在拥挤和喧嚣之中,有一群劳动者坚持着内心的价值追求,践行着自己的职业初心。他们淡泊名利、甘于奉献,坚守在一线岗位。他们耐得住孤独、守得住寂寞,内心从容自若,于无声处凝聚起坚韧的力量,绽放青春光华。他们数年如一日地追求职业技能的精湛,凭借专注和热爱,攀上新的高峰。他们的成长故事不仅赋予了劳模精神新的时代内涵,也化作一道光亮,照亮你我前行的路。我们要继承这种精神和道德力量,形成好的思想、好的品行、好的习惯,扣好人生的第一粒扣子。

课内游戏④——"你争我夺"练习:正确处理好一"争"一"让"

游戏准备:

准备多张废旧报纸,将班内学生分为甲乙两组。

游戏程序:

(1)甲乙两组,分别站在两端。

(2)两边人员各持报纸一端,在一段时间内各自拉扯报纸,扯下报纸较大一端者获胜。

创新提示:

(1)可将报纸中间挖孔套于两人之间的脖子上,先行扯破对方报纸者获胜。

(2)亦可用其他物品来玩本项游戏。

(3)与老师和同学分享彼此在拉扯间的感觉。

游戏规则:

先扯破者胜。

注意事项:

注意所用物品的安全性。

小结提示:

让学生明白盲目争夺带来的坏处,一"争"一"让"展现的是作风与品德,以及如何做到"巧干"。

案例与实践

身边故事①

张义标:善良快递小哥温暖孤残老人

2007 年,怀抱着对未来的憧憬,张义标从家乡江苏淮安来到北京,开始了北漂之路。初到北京的张义标，做过销售，当过广告编辑，还开过网店。2015年3月，不甘于现状的张义标来到北京顺丰速运工作，成了一名快递员。

为什么选择这份工作？这和张义标的性格密不可分。"我比较喜欢在外面跑，不喜欢在一个地方坐一天。可能因为我是农村孩子，在家跑习惯了，我看快递小哥也是跑来跑去的，很喜欢。问需不需要人，后来就一直做下去了。"

善举感动顺丰人

2016年10月，当张义标在派送一单快件时，敲了许久才有人来开门，开门的是一位老人，由于老人腿脚不方便，他将快件送到家中，只见客厅横七竖八地放着东西，仅留下一个狭小的通道可供一人行走。桌上摆放的菜早已变了颜色和味道，看起来像是三四天前的剩菜……来不及细想，张义标把快递放到老人卧室，而里边的环境更糟糕，没有通风，床单又脏又皱。老人家住六楼，年过花甲，因为做过脊椎和腿部的手术，导致身体瘫痪，走路需要借助辅助器，生活来源主要依靠微薄的退休金和残疾人补助。心地善良的张义标被深深地触动了，他记住了老人的名字，以及老人家的门牌号。休息日，张义标走进老人的家，拿起扫把、拖把开始大扫除，把原本难以下脚的客厅打扫干净，为老人换上新的、干净的床单被罩，清理干净卧室的垃圾，让卧室通风透气。

自此，张义标主动帮助老人买食品和一些生活必需品，送到老人家中，在工作间隙，帮老人打扫卫生，陪老人聊天。照顾老人两年多时间，要说最让张义标记忆犹新的事情，是第一次为老人洗澡。当老人脱掉衣服的一刹那，皮肤很干燥，满身褶皱，这是岁月在老人身上留下的深深浅浅的痕迹，当水龙头流出的水，经过老人的身体哗啦哗啦往下冲的时候，连水也变得浑浊。他只记住了老人洗完澡以后的轻松愉悦的状态。他想一定不能放弃这个老人，一定要带给他更多的温暖，让他的晚年生活能感受到一丝人间的温情。

洗澡事件以后，老人的心扉慢慢打开了，告诉张义标，自己以前年轻的时候很喜欢喝酒，也可能是因为喝酒的缘故，和妻子的关系不和谐，最后离婚了。现在身体不行了，落得独居的下场。老人的诉说，让张义标从中理解了老人从初接触时排斥他，对周围人的不信任，性格孤僻、脾气古怪，这一切问题的根源。

直到2018年"北京榜样"主题活动，9月第一周人物出现了张义标的名字，其家人和同事才知道此事。在2018年年会上，顺丰总裁王卫亲自为张义标授予"社会责任奖"。

张义标说："自己的父母年老时，需要人帮助的时候，希望周围的邻居和朋友也能够帮一帮他们。我们自己也会老,当我们老了,需要人帮助的时候,陌生的年轻人不要嫌弃我们是老人,愿意帮我们,愿意听我们唠叨……"

勤奋的快递精英

张义标来自江苏,高中毕业后做过工厂的机械工,也做过网站编辑。成为顺丰快递的一名普通快递员后,为了更好地服务客户,他不断提升自己,总是在派送路上,在吃饭的间隙,在一切能用上的空闲时间充电学习。通过公司开发的线上学习课程和工作实践,他仅用了一个月的时间,便熟悉了公司的各项终端、电脑设备操作和业务推广的技能。迅速上手后,张义标没有停止学习,也通过师带徒的形式,将自己积累的经验分享给徒弟们。

三年多的收派员岗位中,张义标勤恳工作之余,针对自己服务区域内客户的消费规律,摸索出了一套提高服务效率的方法,甚至做出了业务的"局部创新"。张义标定期统计和分析客户的收派规律,掌握他们的实际需求和特殊情况,再进行配送时间和配送方式的安排。比如,他区域里有位做淘宝的客户,每天都会到件,客户晚上都会工作到很晚,早上开门也比较晚,当了解客户的工作规律后,他就会等待客户开门后再把快件送过来,久而久之,与客户之间形成了一种默契。

张义标自 2015 年至 2017 年一直荣获公司快递操作零失误奖励、新业务推广奖励,以及快递收派实名认证百分百等多项奖励。2018 年 1 月,他顺利通过公司内部竞聘,成为一名仓管员。2019 年 9 月 23 日,他加入中国共产党。

张义标性格诚实朴素,深得同事信任,谁碰到困难都愿意找他倾诉,请他帮忙解决。由于快递行业工作时间不稳定,每到双十一、双十二、年底等行业高峰时,快递员为了及时将快递包裹送到客户手上,经常连吃饭的时间都没有。

因为担心同事的身体,也为了同事能够更好地工作,张义标经常抽出自己的休息时间,给大家买菜做饭,让同事回到公司交接快递包裹时能顺便吃一口饭,补充体力。网点如果有困难员工,张义标也会积极地向公司提出申请,帮助家庭困难的职工渡过难关。

坚持公益回馈社会

2018 年 5 月,张义标还报名参加了"顺丰莲花助学,爱在路上"壹点公益基金活动。他克服恶劣的天气和环境,来到位于甘肃偏远山区的 6 个家庭进行走访。他对 6 户家庭的困难及需求进行了详细了解和记录,并将收集的材料交给顺丰公司,为 6 户家庭的孩子申请了顺丰的壹点公益基金,让孩子们实现上学的梦想。

"我们走访的孩子基本都是初中生,不到现场去根本不知道有多苦。几乎可以说家徒四壁,很多都是父母在外打工,和爷爷奶奶一起生活,让人看了很心酸。但是孩子们都很上进,满墙贴着奖状,我们会把他们的情况做一个汇总,交给基金会,一直资助到他们上完大学。就业方面,公司也会提供岗位,帮助他们开启新的生活。"

张义标作为一名普通的工人,在自己平凡的岗位上为公司、为社会贡献着自己的力量。作为顺丰收派员的普通一员,张义标也是顺丰员工就就业业服务客户的缩影,从他的身上,可以看到劳动者们平凡工作、甘于贡献的劳模精神,无论在任何岗位都要实现工作价值的人生态度,也可以看到使命必达的责任感。

张义标曾荣获 2018 年首都五一劳动奖章、2018 年"北京榜样"提名奖、2019 年全国五一劳动奖章、2020 年全国劳动模范称号等荣誉。

对于自己所做的一切和外界的赞誉,张义标并没有太放在心上:"每个人都会有老去的一天,都会有需要别人帮助的一天。我愿意尽己所能,帮助他们。"

他表示:"这是无限光荣,更是沉甸甸的使命。在送快递这份平凡的工作中,我体会到了这份殊荣,更体会到幸福之所在。""这些荣誉最大的意义,就是更严格地要求自己,做一些正能量的事,激励身边的人,影响身边的每一个人。"

(资料来源:王琪鹏. 80 后快递员张义标,为何能成全国劳动模范?〔EB/OL〕. 2021 - 06 - 23〔2022 - 03 - 15〕. https://baijiahao. baidu. com/s? id = 1703352426249364218&wfr = spider&for = pc.)

全国劳动模范——刘源

"全国劳动模范"刘源是重庆长安汽车股份有限公司维修电工、高级技师、电气高级工程师。自参加工作的三十几年来勤勤恳恳,他长期奋战在设备维修事业的第一线,先后参与过发动机曲轴、凸轮轴、自动化冲压生产线等百余台(套)大型设备建线及维修工作,攻克了一个又一个技术难题。通过不懈努力与持续创新,他从一名普通维修工人逐步成长为业界知名的技能大师,先后荣获"中央企业劳动模范""中华技能大奖获得者""国务院政府特殊津贴专家""全国技术能手"等称号,为长安汽车的改革建设做出了较大贡献。

从普通电工到巴渝工匠

刘源从小就对电器维修兴趣浓厚,在大专毕业后,他进入长安汽车,成为一

专题三 劳模与劳模精神

名普通电工,从此与维修结下了不解之缘。

针对发动机零件产品加工过程中的安全隐患和节拍过慢的问题,刘源利用下班、机器空闲的时间反复试验、调试,设计出"实现自动进刀攻牙机电器自动控制"实用新型发明专利,使技术改进后的设备满足了车间产量的要求,极大地提高了设备使用率和生产效率,使设备的安全性大幅提高。

在刘源看来,技术改进永无止境。近几年来,刘源牵头或参与完成各类技术攻关、改造、抢修 100 余项,在多个技术领域不同程度地打破了国外垄断,节约维修费用约 310 万元,减少停线损失 245 万元。他制订的《板料检测装置标准》和主导的设备改造使设备故障率降低 80% 以上,维修时间减少 70%。仅此一项,每年就为企业节约维修费 16 万余元,减少设备停机造成的经济损失上百万元。他研究的"降低滑橇锁紧站故障时间""降低压力机设备故障率"项目,节创价值216.7 万元,分别获 2018 年、2019 年重庆质量管理小组活动一等奖,创新成果转化 145 万元,直接创造价值 911.54 万元。

从蓝领工人到首席专家

通过不断探索和积累,刘源沉淀出了一套属于自己的"看、听、析、查"四步维修绝招。公司轿车冲压生产线发生紧急停止故障,在瑞士维修工程师感到束手无策时,刘源利用自己的技术绝技对通讯组件进行拆卸、分析、查找故障部位及损坏器件,最终仅用 3 小时对设备进行了修复,由此节约维修费用 8 万余元,减少工厂停产、停线损失 160 余万元。

近年来,刘源担任公司全自动化压力机生产线设备维修工作,多次带领小组人员解决各种先进自动化设备的"疑难杂症",同时还对北京长安、合肥长安、欧尚事业部、模具事业部提供维修技术支持,参与重大设备故障抢修 100 余次,减少经济损失约 300 万元。

刘源还依托自创的"四步维修法",编写了"探伤机电路控制快速维修"方法,极大地降低了设备的维修时间。

从维修师傅到培训大师

为将设备维修案例、技术、经验"留下来",刘源历时 1 年半,开发出《长安汽车机电维修岗位能力认证课程》(6 册),课程 61 门,涉及 1516 个专业技术知识点,涵盖了公司所有工艺设备和能源设备。他牵头编制的《长安汽车大学设备保全系列课程——培训手册》(5 册 7 本),成为职业能力鉴定补充标准教材,堪称长安汽车设备维修的"百科全书"。

为积累更多的机电维修人才，近年来，刘源逐渐将工作重点放在培养人才上。他依托"刘源劳模创新示范工作室"，致力于机电设备前沿技术的研究、改善、创新和高技能人才的培养。工作室先后与 ABB（中国）公司、SMC（中国）公司、川崎（重庆）机器人公司合作建立技术交流培训中心。

刘源已先后培养出全国技术能手 5 名、公司技能专家 3 名、高级技师 8 名、技师 16 名，从而斩获"国家人才培养突出贡献奖"。

刘源从一线工人到全国劳模，展现了实干、创新、专注、执着、精益求精的专业素养，诠释了劳模精神、工匠精神的核心要义。在刘源看来，"心心在一艺，其艺必工；心心在一职，其职必举"，这是以劳模为代表的劳动者应该始终秉持的初心。立足本职、淡泊名利、爱岗奉献，正是一代代劳模的奋斗品格。

（资料来源：张嘉."全国劳动模范"展播——刘源［EB/OL］. 2021 － 02 － 02［2022 － 03 － 15］. https://www.sohu.com/a/448225956_100014313.）

个人实践及反思

理解劳模精神的内涵,了解新时代劳模精神的特征,明确弘扬劳模精神的时代价值,学习劳模,弘扬劳模精神。将个人的反思内容填入表3—7中。

劳动实践内容:＿＿＿＿＿＿＿＿＿＿＿＿＿＿＿＿＿＿＿＿＿

合作者:＿＿＿＿＿＿＿＿＿＿＿＿＿＿＿＿＿＿＿＿＿＿＿＿＿

表3—7　个人反思

反思项目	反思结果
对劳模的认知	
学习劳模什么	
如何弘扬劳模精神	
做一个什么样的职业人	

填写人:＿＿＿＿＿＿＿＿＿＿＿　　　填写时间:＿＿＿＿＿＿＿＿＿＿＿

小组课外实践

1. 展演步骤

（1）开始。

（2）明确展演的劳模故事。

（3）设定展演的形式。

（4）设计故事的情节。

（5）整理资料进行撰写。

（6）为小组成员分配任务。

（7）设计预演，并进行展演准备。

（8）进行展演。

（9）撰写总结（困难、收获）。

（10）分享展演内容及感悟。

（11）完成。

2. 小组实践（见表3-8所列）

表3-8　小组实践

《永不过时的劳模精神》展演活动
（自身专业领域内的劳模代表）
实践指南
活动设计：以小组为单位围绕"劳模精神"选定展演活动的形式（讲故事、观影分享、配乐诗歌朗诵、小品、话剧等），选择给你们感触最深、影响最大的劳模及其事件进行展演。展演结束后讲解对劳模精神的认识，结合自身专业谈谈如何培养和践行劳模精神。 **工具使用**：手机、录音笔、笔记本、笔等及展演过程中需要的其他工具。 **安全保护**：展演设计过程中注意安全
小组劳动小结

我们遇到的困难和解决路径	

高等职业院校劳动教育与实践教程

我们的解决方法	
我们的收获	
记录人：	

劳动成果展示（用照片、图片、文字描述、第三方评语、视频、劳动作品等形式展现）

 课后练习

1. 阐述新时代劳模精神的内涵是什么？

2. 新时代劳模精神的时代价值体现在哪些方面？

3. 阐述一下,当代青年学生如何弘扬、践行劳模精神？

4. 联系自身实际,谈谈如何提升职业道德？

5. 请结合自身实际,写一篇让你最感动的典型劳模(专业领域内的劳模)先进事迹的心得体会。

专题四　新时代的创新与创新精神

专题引入

目标要求

一、知识目标

1. 了解创新与创新精神的含义。

2. 理解新时代创新精神的意义。

3. 掌握新时代创新精神培育的路径。

二、能力目标

1. 树立创新意识,培养创新思维,提升创新能力。

2. 明确新时代创新与劳动的关系。

3. 自觉践行创新精神,做新时代的创新型劳动者。

三、素质目标

1. 科学认识创新是一个打破框架的过程,创新意味着探索。创新者不可避免地要面临较大的压力和困境才可能获得成功。树立正确的顺逆观,坚定信仰和持之以恒地努力。

2. 感悟创新对于一个民族、国家、社会、组织甚至个人的重要意义,懂得掌握创新思维规律,自觉践行创新精神。

 课程思政

在激烈的国际竞争中,惟创新者进,惟创新者强,惟创新者胜。以创新作为发展动力是形势所迫。中国式现代化进程中涉及十几亿人,在物质能源等资源越来越少的情况下,如果继续靠要素驱动难以为继,因此我们必须抓住科技创新这个"牛鼻子"。青年大学生应挑大梁、当主角,而职业教育是培养技术技能人才、促进就业创业、推动中国制造的重要基础。高职学生通过了解创新及创新精神的含义,理解培育新时代创新精神的意义,树立创新意识,培养创新思维,提升创新能力,从而自觉践行创新精神,做新时代的创新型劳动者。

 知 识 结 构 图

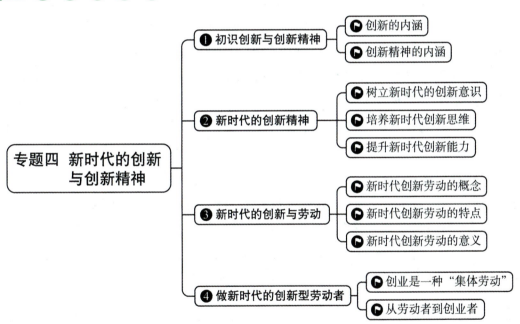

 课 堂 导 入

请仔细阅读以下问题,并将"是"或"否"填入表 4-1 中的相应位置。

表 4-1　课堂导入回答

序号	问题	是/否
1	遇到问题,你能从多方面探索它的可能性,而不是拘泥于一条思路。	

续表

序号	问题	是/否
2	即使遇到困难和挫折也不会动摇你的意志。	
3	你最愉快的是对某个问题深思熟虑、精推细敲。	
4	如果有一个新奇想法,你会马上加以实践。	
5	聚精会神工作时,你常常忘记时间。	
6	在校学习期间你有很多的创业想法。	
7	你熟悉国家扶持大学生自主创业的相关政策和法规。	
8	你经常参与学校的创新创业比赛。	

以上问题中,回答"是"越多,说明你越具备创新精神。

在改革开放四十多年来的经济发展中,劳动力成本低是我们竞争的最大优势。因为我们有源源不断的新生劳动力和农村富余劳动力,因此一旦引进国外先进的技术和管理经验就能迅速将其变为生产力。然而随着我国农村富余劳动力减少,人口日益老龄化,劳动年龄人口总量下降,以及我国在部分领域的科技创新与国际先进水平还存在较大差距,特别是一些能够推动经济水平发展的关键核心技术遭到其他国家封锁,这就使要素的规模驱动力减弱。提升人力资本的质量和技术的进步越来越重要,因此必须让创新成为驱动经济发展的新引擎。党的十八大以来,习近平总书记把"创新"摆在国家发展全局的核心位置,并提出一系列新思想、新论断、新要求。党的二十大报告将创新再次提及到新的战略高度,到二〇三五年,"实现高水平科技自立自强,进入创新型国家前列"。

今天,我们强调创新精神,特别是强调新时代的创新,旨在通过学习帮助高职学生意识到创新对于一个民族、国家、社会、组织甚至个人的重要意义,掌握创新思维规律,自觉践行创新精神,做新时代的创新型劳动者。

话题讨论

【现象一】:从袁隆平语录,对创新建立新的认识。

"民以食为天。我是学农的,依靠农业技术提高粮食产量是我的职责所在。尤其经历了三年自然灾害那场饥荒,我亲眼看到有人因为饥饿倒在路边、田埂边和桥底下,真是锥心般的刺痛。"袁隆平说。1953 年,袁隆平从西南农学院遗传育种专业毕业并被分配到湖南安江农校工作。作为新中国培养出来的第一代农学专业的大学生,为了不让老百姓挨饿,袁隆平立誓要解决粮食短缺问题。1956

年,袁隆平带着学生开始了农学实验。袁隆平发现,水稻的一些杂交组合有优势,认定这是提高水稻产量的重要途径。培育杂交水稻的念头,第一次浮现在他的脑海,由此一场轰轰烈烈的全国攻关大会战打响。从 1976 年到 2018 年,杂交水稻在全国累计推广面积约 85 亿亩,增产稻谷 8.5 亿吨,袁隆平为中国人牢牢掌握自己的饭碗作出了突出贡献。袁隆平对科技创新的追求从未停歇脚步。袁隆平说:"科学研究要勇于探索,勇于创新,这个是关键。搞科研,应该尊重权威但不能迷信权威,应该多读书但不能迷信书本。科研的本质是创新,如果不尊重权威、不读书,创新就失去了基础;如果迷信权威、迷信书本,创新就没有了空间。"

（资料来源:王静. 搞科研,应该尊重权威但不能迷信权威[EB/OL]. 2017 – 06 – 28 [2022 – 03 – 15]. https://www.kepuchina.cn/kpcs/fcl/kjmj3/201706/t20170628_207276.shtml.）

【问题1】:袁隆平是怎么让中国人从饥荒到牢牢掌握自己饭碗的呢? 怎样评价袁隆平的一生?

观点1:_____

观点2:_____

观点3:_____

【问题2】:从该案例中,你对创新有什么新的认识?

观点1:_____

观点2:_____

观点3:_____

点拨指导

问题1:

杂交水稻的发展史,本来就是一个技术不断创新发展的历程。因为袁隆平长期坚持开展杂交水稻技术研发,所以杂交水稻才从 1976 年到 2018 年,在全国累计推广面积约 85 亿亩,增产稻谷 8.5 亿吨,袁隆平为中国人牢牢掌握自己的饭碗作出了突出贡献。袁隆平以农业报国,不让老百姓挨饿;袁隆平心怀天下,让杂交水稻惠及全球。

问题2:

袁隆平以科技创新保障国家粮食安全。创新离不开尊重权威,又不能迷信

专题四 新时代的创新与创新精神

权威,应该多读书,又不能迷信书本。创新,就是时刻有自我的意识、自我的思想,不能被权威和书本带歪。创新应该适合时代的发展,而不是在我们这个时代去做以往的创新。俗话说得好:尽信书则不如无书。时刻怀疑,保持怀疑,不断去打破自己的思想和观念,就是一种创新和挑战。

【现象二】:国家最高规格的科技奖励大会,读懂科技强国。

一年一度的国家科学技术奖励大会,最令人瞩目的是国家最高科学技术奖花落谁家。2021 年 11 月 3 日,国家科学技术奖励大会在京举行。习近平出席大会并为获奖代表颁奖。这是继上周参观国家"十三五"科技创新成就展之后,习近平再次"检阅"科技战线英才和科技创新成果。今年是党中央、国务院连续 21 年举行国家科学技术奖励大会。习近平强调,我国面临的很多"卡脖子"技术问题,根子是基础理论研究跟不上,源头和底层的东西没有搞清楚。在今年的国家科学技术奖励大会上,物理、化学、生物、材料等领域一批研究成果获得嘉奖,传递出"持之以恒加强基础研究"的坚定决心。习近平在会上说,要改革完善科技成果奖励体系,重在奖励真正作出创造性贡献的科学家和一线科技人员,控制奖励数量,提升奖励质量。指挥有方,将士用命,科技强国,乃能成功。荣膺国家最高科学技术奖的国之栋梁,为"战略科学家"立下了鲜明的标杆。江山代有才人出。新时代呼唤更多的青年科技英才挑大梁、当主角。

(资料来源:龚雪辉,郁振一. 这场最高规格的科技奖励大会,折射了哪些新变化? [EB/OL]. 2021 – 11 – 04[2022 – 03 – 15]. https://baijiahao.baidu.com/s? id = 1715454535813166354&wfr = spider&for = pc.)

【问题1】:科技奖励大会为什么会成为国家最高规格的会议?

观点1:_____

观点2:_____

观点3:_____

【问题2】:你如何理解"新时代呼唤更多的青年科技英才挑大梁、当主角"?

观点1:_____

观点2:_____

观点3:_____

点 拨 指 导

问题1:科技创新是形势所迫。我国经济总量已跃居世界第二位,社会生产力、综合国力、科技实力迈上了一个新的大台阶。同时,我国发展中不平衡、不协调、不可持续问题依然突出,人口、资源、环境压力越来越大。我国现代化涉及十几亿人,走全靠要素驱动的老路难以为继。物质资源必然越用越少,而科技和人才却会越用越多,因此我们必须及早转入创新驱动发展轨道,把科技创新潜力更好地释放出来,必须要抓住科技创新这个"牛鼻子"。

问题2:人才资源是第一资源,也是创新活动中最为活跃、最为积极的因素。要把科技创新搞上去,就必须建设一支规模宏大、结构合理、素质优良的创新人才队伍。当今世界,综合国力竞争日趋激烈,新一轮科技革命和产业变革正在孕育兴起,变革突破的能量正在不断积累。综合国力的竞争说到底是人才的竞争。人才资源作为经济社会发展第一资源的特征和作用更加明显,人才竞争已经成为综合国力竞争的核心。谁能培养和吸引更多的优秀人才,谁就能在竞争中占据优势。

知识研修

任务一　初识创新与创新精神

一、创新的内涵

(一)创新的概念

创新是指人类提供前所未有的事物和方法的一种活动。这里的"事物和方法"所指广泛,包含所有学科和领域,上至国家政权、下至老百姓生活;包含自然科学,也包含社会科学。"前所未有"意旨首创,因参照对象的不同,有狭义和广义之分。前者指相对于全人类而言的首创,如爱迪生发明的电灯、特斯拉发明的交流电等;后者指相对于全人类而言虽不是首创,但相对于自己或自己所在的部门而言却是首次提出。

我们再来举个创新的实例,看它属于哪类创新?

1958年8月的一天,时任第二机械工业部副部长的钱三强对一个34岁的青年人说:"中国要放一个大炮仗,要调你去参加这项工作。"这个大炮仗,指的就是原子弹。而这个青年人接到钱三强交予的任务后,就消失在亲戚朋友的视线里,开始了长达 28 年的隐姓埋名的生活,甚至连他的妻子都不知道他在哪里工作,每天都在做什么。直到 1986 年 6 月的一天,他的名字突然同时出现在全国各大媒体的报道中,一个埋藏了 28 年的秘密也随之浮出水面。这个人就是邓稼先。28 年的默默无闻,换来的是中国在世界上响当当的核大国地位。这一声巨响的后面,隐藏着多少不为人知的艰辛!1971 年,杨振宁首次回国访问,在周恩来的安排下和 20 年杳无音信的挚友邓稼先见了面。杨振宁并不知道在他获得诺贝尔物理学奖一年后,邓稼先就在中国西北的大漠深处风餐露宿,用最原始的办法探寻着原子弹的奥秘。杨振宁返程上飞机的时候,向邓稼先问了一句话:"听说中国的原子弹、氢弹的研制有美国人的参与,是这样吗?"邓稼先听了后笑笑,不置可否,只说了句:"你先上飞机,我回头再告诉你。"当杨振宁获知中国的原子弹是完全靠自己的努力研制出来的时候,他感动不已。作为同行,杨振宁无法想象,没有外国人的帮助,年轻的新中国需要付出多大的艰辛才能让中国原子弹、氢弹的巨响震撼全球。

(资料来源:陈雪丽. 五年制得原子弹,百年修成邓稼先[EB/OL]. 2018 - 05 - 06[2022 - 03 - 15]. https://www.163.com/dy/article/DH5B7OB90514CC5M. html.)

邓稼先等老一辈的核物理学家所研制的原子弹,虽然不是中国首创,但属于广义的创新,广义的创新同样令人尊敬!创新是指以现有的思维模式提出有别于常规或常人思路的见解为导向,利用现有的知识和物质,在特定的环境中,本着理想化需要或为满足社会需求,而改进或创造新的事物(包括产品、方法、元素、路径、环境),并能获得有一定有益效果的行为。创新精神属于科学精神和科学思想范畴,是进行创新活动必须具备的一些心理特征,包括创新意识、创新兴趣、创新胆量、创新决心,以及相关的思维活动。

(二)创新的特点

创新是一个打破框框的过程,创新意味着探索。因为解决当今难题的方法往往是跨越多个领域,需要不断地打破原有的约束。乔治·比才,法国著名的作曲家,其代表歌剧《卡门》是具有创新意识的歌剧之一。比才喜欢探索各种作曲方法,尝试不同的音乐形式,谱写交响序曲、钢琴曲等,这些技巧和经验为他的歌剧创作成功奠定了坚实的基础。1863 年,他完成了他的第一部歌剧《采珠人》的创作,而后推出《帕思丽珠》,但两部歌剧并没有得到太大的反响。比才继而创

高等职业院校劳动教育与实践教程

作了《嘉米蕾》，虽然还是没有成功，但已经找到了自己的风格。不久后，他为都德的话剧《阿莱城的姑娘》配乐，大获好评。1870年，比才新婚不久便参加了国民自卫军，退役后在塞纳河畔的布日瓦勒从事写作。三年后，比才开始创作歌剧《卡门》。《卡门》取材于梅里美的同名小说，1875年3月3日，在巴黎喜歌剧院首演，惨遭失败。其作品中"大胆的现实主义和赤裸的情感"不为当代人接受，并被指责是一部"淫秽的作品"。但《卡门》却受到了同时代的圣－桑、柴可夫斯基和后辈德彪西的赞扬，前面两位预言"十年之后，《卡门》将成为世界上最受欢迎的一部歌剧"。五年之后，《卡门》再度在巴黎上演，引起了极大轰动。然而，比才却未能等到这一天。因为世人的不解，这部作品成了他的遗作。首演三个月后的1875年6月3日，他即因抑郁在布日瓦勒逝世，年仅37岁。

（资料来源：朱珊. 每部伟大的歌剧背后都有一个不容易的作曲家[EB/OL].
2020－03－22[2022－03－15]. https://www.sohu.com/a/382247645_548474.）

通过这个例子我们可以看出，创新还具有普遍性、永恒性、超前性、艰巨性、社会性等特点。

只要人类活动不停止，创新就会永无止境，所以创新具有普遍性和永恒性；创新的本质决定了其不可避免的超前性，社会的认知必定存在相对的滞后，创新者获得共鸣需要时间，必将忍受一段时间的孤独，所以创新具有超前性；创新的内容前无古人、无可借鉴，只能通过不断探索，所以创新具有不确定性和技术上的难度；因为创新的超前性，创新者不可避免地面临较大的压力和困境，所以创新具有艰巨性。另外，创新不可能闭门造车。现代社会分工细化，创新者在创新的实施过程中必定与社会发生联系，所以创新必定具有社会性。

二、创新精神的内涵

（一）创新精神的概念

进入新时代，我们继承与发展了党的思想路线，提出坚持新发展理念，明确将创新发展置于关键位置。二十大报告中明确了"教育、科技、人才是全面建设社会主义现代化国家的基础性、战略性支撑。必须坚持科技是第一生产力、人才是第一资源、创新是第一动力。"创新是时代的主旋律，人才是创新的基础，培养具有创新精神的时代新人是实现国家创新驱动发展的保障。创新精神是时代新人的本质特征，时代呼唤具有创新精神的时代新人。2019年，中共中央办公厅在印发的《关于进一步弘扬科学家精神加强作风和学风建设的意见》中提出，要大力弘扬勇攀高峰、敢为人先的创新精神。其中,"勇攀高峰、敢为人先"就是新时代创新精神的核心要义。创新精神是伴随着创造性活动进行的思维活动,一般包含学习精神、求实精神、创造精神、拼搏精神等,表现为主体能够综合运用所掌握的知识、信息、技能和方法提出问题、新观点的思维能力和进行发明创造、改革革新的意志。创新精神包含创新意识、创新思维和创新能力。

(二)创新精神的特点

20 世纪 60 年代初期,新中国的卫生体系还不健全,国家缺医少药,医学人才极度匮乏。当时国人最为头疼的疾病——疟疾——始终没有得到抑制,这个病,并不是一时兴起,而是一种非常古老的病,它已经在中国这片土地上和人类斗争了上千年。1967 年 5 月 23 日,毛主席亲自下达了抗疟新药的研发任务,此任务便以会议召开的日期作为代号,称为"523 任务"。1969 年,经人推荐,中国中医研究院的屠呦呦参加了"523 任务",从此开启了抗击疟原虫的科研生涯。当时科研人员发现"常山碱"对于疟原虫的抑制率是极高的,但是副作用非常大。一直到了 1971 年的下半年,屠呦呦重新设计了研究方案:将青蒿用低温进行提取,温度控制在 60℃以下,用不同温度的水、乙醇、乙醚等多种溶液,分别对其进行提取,并且将茎秆与叶子分开进行提取。无数个不眠之夜,经历了 190 次的失败后,她的团队开始逐渐打起了退堂鼓,准备放弃青蒿,开始研究其他药物。在 1971 年 10 月 4 日这一天,所有同事们都打算放弃的时候,屠呦呦进行了第 191 次试验,在显微镜下对青蒿进行观察后,她缓缓走到挂历前,在 10 月 4 日这天画上了一个圆圈,她成功了。显微镜中,已经没有任何疟原虫的踪影,这意味着青蒿的提取物,可以杀死全部的疟原虫。屠呦呦日复一日地,在这样恶劣的环境里工作,不幸患上了中毒性肝炎。当时她出现了牙痛和牙齿松动、脱落的现象,经常头昏脑胀、出鼻血、皮肤过敏等。直到后来,单位为他们提供了更好的研究室,环境才有所改善。为了了解药性,屠呦呦需要尽快地做出临床试验,因为疟疾的季节性很强,如果错过了临床观察期,就又要等一年的时间。此时的屠呦呦决定亲自以身试药。她向领导提交了自愿试药的报告后,成了青蒿提取物的第一位试验者。在她的感召下,科研组的其他两位同志也参与了试药。三人住进了北京中医药大学东直门医院,亲口服下了自己研制的青蒿提取物,最终证实了其对人体无毒。1978 年,在"523 任务"项目科研成果的鉴定会上,按照中药用药的习惯,专家们将青蒿提取物中的抗疟成分正式命名为"青蒿素",这也正式宣告了青蒿素的诞生。

（资料来源：筱弓. 长期暴露全组人不同程度中毒，屠呦呦拿自己做人体实验发现青蒿素［EB/OL］. 2021 - 10 - 27［2022 - 03 - 15］. https：//baijiahao. baidu. com/s？ id = 1714743659302277406&wfr = spider&for = pc.）

培养创新精神，需要克服一切困难，需要坚持不懈，需要不畏权威、坚持信念，并勇于抛弃旧思想和旧事物，创立新思想和新事物。创新应该刻苦钻研，不畏艰难。不过，创新精神除了基础的钻研精神，还有其独特的品质要求。具体而言，创新精神的表现有以下几个方面的特点。

（1）不满足于已经掌握的事实、建立的理论、总结的方法等，不断追求新的知识。

（2）不满足现有的生产方式、工具、材料、设备等，而是根据实际需求和形势变化，不断进行革新。

（3）对现有的规则、方法、理论、习惯等不墨守成规，敢于打破原有约束，探索新的规律、新的方法；不僵化、呆板，灵活地运用知识和能力解决问题。

（4）敢于根据事实和自己的思考，对书本和权威、提出质疑，不迷信书本、权威，但并不反对学习前人经验，明白任何创新都基于前人的成就。

（5）不盲目效仿别人的想法、说法、做法，坚持独立思考；创新精神提倡大胆质疑，但质疑要有事实和思考的根据，并不是虚无主义、怀疑一切。

（6）一切的创新都是为了改善我们的生活和工作，实际工作中绝不能为了创新而刻意地标新立异。

（7）创新精神提倡独立思考，不人云亦云，但并不是孤芳自赏、固执己见，而是要团结合作、相互交流，这是当代创新活动不可缺少的方式。

（8）创新精神提倡勇于探索、不怕犯错，但并不是鼓励犯错误，只是因为出现错误认知是科学探究不可避免的代价。

总之，我们要用全面、辩证的观点看待问题。创新精神是战略，具体执行要讲究战术、实事求是。创新精神是构成创造性的首要条件，创新精神是创造发明的动力之源。

（三）培育创新精神的必要性

近现代和当代，中国在科学技术领域的发展以学习和追随西方工业革命和信息革命的模式为主。在二十世纪七八十年代，我国实行改革开放之后，我们通过借鉴和学习发达国家的先进科技和生产方式实现了经济的迅速腾飞。但近年来，随着国家科技水平的提升和国际形势的变化，这种以学习引进为主的发展模式遇到了一定的困难。特别是进入新发展阶段，我们开启了全面建设社会主义现代化国家新征程，我们面临的机遇和挑战都是前所未有的。

1. 世界格局演变大势呼唤创新精神

当今世界正经历百年未有之大变局，世界各国的力量对比发生改变，呈现"东升西降"的态势。我国作为世界上最大的发展中国家，自2010年超过日本成为全球第二大经济体后，美国开始遏制我国的发展。特别是2018年，中国GDP的全球占比达15.9%，美国为23.88%，中国经济总量已达美国60%的所谓"红线"。美国为了在国际竞争中保持霸权地位，遏制中国快速发展势头，实施贸易战，对中国企业严厉打压，如对华为实施打压，将华为列入贸易黑名单。

2. 第四次工业革命呼唤创新精神

前三次工业革命极大地促进了社会迅猛发展。第一次工业革命使人类进入蒸汽时代，第二次工业革命使人类进入电气时代，第三次工业革命使人类进入信息化时代。当前，以人工智能、大数据、量子信息、生物技术等为代表的新一轮科技革命和产业变革正在积聚力量，催生了大量新产业、新业态、新模式，引发了第四次工业革命，给人类生产生活带来了新的变化。第四次工业革命的发生是基于新一轮科技创新力量实现的，是融合、凝聚了科技创新人才集体智慧的结晶。第四次工业革命所引发的科技革命和产业变革持续深入推进，深刻影响着社会的发展进程与人类的生活方式，对时代新人的创新品质、创新精神提出了新的要求。

3. 实现民族伟大复兴呼唤创新精神

党的十八大以来，习近平多次强调"创新"对中国全面深化改革和发展的重要作用。"变革创新是推动人类社会向前发展的根本动力。谁排斥变革，谁拒绝创新，谁就会落后于时代，谁就会被历史淘汰。"创新是一个民族进步的灵魂，综合国力的竞争说到底是创新的竞争，世界经济长远发展的动力源自创新。第四次科技革命的发生，产业结构的调整转型，会引发未来人才类型的转变。人才的劳动形式、内容发生改变，脑力劳动、智力劳动占比越来越大，人才的智力素质尤其是创新力将被赋予更大的价值。特别是当前，我国开启了实现第二个百年奋斗目标的新征程，即到二十一世纪中叶把我国建成社会主义现代化强国，实现中华民族伟大复兴。建设社会主义现代化强国，关键在科技，而人才是科技的根基。党的二十大报告提出要"深入实施科教兴国战略、人才强国战略、创新驱动发展战略,开辟发展新领域新赛道,不断塑造发展新动能新优势"。科技驱动实质上是人才驱动,谁拥有一流的创新人才,谁就拥有了科技创新的优势和主导权。创新的关键在于调动人才创新的积极性、主动性,以及不断提升人才创新意识与创新精神。

课内游戏 ①——逆向思维

1. 巧排队列

24 个人排成 6 列,要求每 5 个人为一列,请问该怎么排列好呢?

答案:排成六角形。

解析:日常生活中,对于排列,人们往往局限于横排或者竖排。但 5 个人为一列,排成 6 列,显然 24 个人是不够的,不打破常规,这个问题解决不了。此时必须考虑有人兼职两个队列,如此就不难考虑出六角形的形状。

2. 升斗量水

一长方形的升斗,它的容积是 1 升。现要求只用这个升斗准确地量出 0.5 升的水,请问应该怎样量?

答案:用升斗斜着量就可以。

解析:旧有的思维习惯紧紧伴随着我们,我们使用量杯或升斗时,常习惯于平直地计量容积。升斗歪斜使用,改变虽小却打破了习惯思维。

3. 违纪开车

美国城市街道的交叉路口上,明文规定有步行者横过公路时,车辆就应停在人行道前等待。可是偏偏有个汽车司机,当交叉路口上还有很多人横过马路时,他却突然撞进人群中,全速向前跑。这时旁边的警察看了也无动于衷,并没有责怪他。这是为什么?

答案:车开进人群会出人命,可是题中并没有说汽车司机开着车,他可能是步行。

4. 变换方位

桌子上并排放有 3 张数字卡片组成三位数字 216。如果把这 3 张卡片的方位变换一下,则组成了另一个三位数,这个三位数恰好可用 43 除尽。这个数是什么数、怎样变换的?

答案:恰好用 43 除尽的三位数有 129、172、215 等,故可将"216"中"21"左右交换为"12",再把"6"的那张卡片上下倒置变为"9",即可变为"129"被 43 除尽。

任务二 新时代的创新精神

一、树立新时代的创新意识

（一）明确新时代创新意识的概念

离开了创新意识，一切创新活动将无从谈起。创新意识是人们在社会生活中，根据自己的发展需要而创造前所未有的事物或思维，并在创造活动中表现出的愿望和意向，是人们进行创行活动的出发点和动力。

（二）熟悉新时代创新意识的特征

举世瞩目的北京第二十四届冬季奥林匹克运动会开幕式于 2 月 4 日晚在国家体育场隆重举行，时隔 14 年，奥运之火再次在鸟巢点燃，"双奥之城"迎来八方来客。北京冬奥开幕式，以二十四节气的方式开始倒计时。在二十四节气的流转中，倒计时从"雨水"开始，到"立春"落定，2022 年北京冬奥会开幕式正式拉开大幕，满目绿色在鸟巢中央涌动滋长。整个过程一气呵成，充满了令人激动神往的生命力。"我们把差不多的两年时间用在了创意上，讨论各种各样的东西"，总导演张艺谋说。倒计时正是其中重要的一环。2008 年奥运会开幕式上，2008 位演员击缶倒计时的种种画面，在无数人心中留下了难以磨灭的印象，但今年，冬奥会开幕式决定不采用"人海战术"。那到底该怎么做？"我们天天都在想创意。"有一天，灵感悄然从纷乱的思绪里发芽。"我突然发现，2 月 4 日正好是立春。"此前一直没往这个角度想的张艺谋很惊讶，还去问了负责冬奥会申办事宜的工作人员，是专门把开幕式选在立春这一天吗？"他们告诉我，也不是专门选的。申办冬奥会是一个非常复杂的过程，综合各种因素才锁定了 2 月 4 日。哎哟，我想那简直太巧了！这是一个很好的起点，让我们知道应该怎样去完成倒计时。""我们都知道，倒计时通常就是数数字。不管采用什么形式，它要处理的都是数字到来的临近感。"张艺谋介绍，一般来说，倒计时都会从 60 开始，也有从 30 或 10 开始的。"既然是立春，我们能不能从中国文化的这个角度入手，选择二十四节气，从 24 开始倒数？这很独特嘛，全世界都会想，24 是什么意思？我们可以简单直接地告诉你,这是中国的二十四节气、是一种古老的关于岁月的算法,把中国文化进行一次普及。"这个创意让导演组非常兴奋。"开幕式从第一秒钟起,就有中国文化的定义。"

（资料来源:高倩. 二十四节气倒计时惊艳开场！这个创意张艺谋想了两年才想到［EB/OL］.2022－02－04［2022－03－15］. https://baijiahao. baidu. com/s？ id＝1723835254206251343&wfr＝spider&for＝pc.)

创新意识有着自身的特征与基本构成因素,了解和掌握其特征有助于我们进一步培养创新意识,熟悉其基本构成能够帮助我们深入理解创新意识。具体来讲,创新意识具有以下三个特征。

1. 新颖性

创新意识是求新意识,是为了满足新的社会需求或用新的方式更好地满足原来的社会需求。例如:冬奥会开幕式团队从中国文化的这个角度入手,选择二十四节气,从24开始进行倒计时,非常新颖。

2. 社会历史性

创新意识的出发点往往是提高物质生活水平和精神生活水平需要,但很大程度上受具体的社会历史条件制约。在阶级社会里,受阶级性和道德观的影响和制约,创新意识激起的创造活动和产生的创造成果,是为人类社会发展而服务的。所以创新意识需以社会效应为导向,例如,倒计时中的二十四节气,是一种古老的关于岁月的算法,具有社会历史性。

3. 个体差异性

人们的社会地位、文化素质、兴趣爱好、情感志趣等特质对创新有着重大的推进作用。每个人都有不同的特质,因此创新既要考虑社会背景,又要考察主体特有的文化素养和志趣动机。例如,以二十四节气的方式开始倒计时,恰逢立春,这就是中国人特有的浪漫,具有个体差异性。

（三）新时代创新意识养成的途径

创新意识主要由创新兴趣、创新动机、创新情感和创新意志四个方面构成。要培养创新意识,就要从上述四个方面出发。

1. 培养创新兴趣

创新兴趣是对挑战陈规、创造新事物、提出新方法等感兴趣,热衷于从事创新活动。创新兴趣往往与好奇心、求知欲联系在一起,这是人的天性,有的人将这种天性抑制和闲置,而有的人将这种天性保持和发扬。创新兴趣引导创新目标的确立、创新能力的开发,人们总是优先根据自己的兴趣来选择合适的创新内容和方向。创新兴趣是进行创新活动最重要的心理条件之一。

2. 抓住创新动机

激发和维持个体的活动往往与良好的动机分不开。创新动机是指引起和维持个体进行创新活动的内在动力,是创新行为的动力基础。良好的创新动机能够激发和维持个体的活动,并使这种活动朝着一定的目标进行。

3. 体验创新情感

创新情感是指创新主体对创新的态度认可程度,以及由此产生的热爱、崇尚的主观情感体验,是创新主体进行创新活动的情感力量,对创新活动的维持和调节起着很大的作用。

4. 锻炼创新意志

创新需要克服各种各样的困难,做前人没有做的事。创新的过程是创新主体有意识、有目的、有计划的行为,这种行为是调节和支配创新活动的心理现象,体现了创新主体的意志行为。创新意志是建立在创新情感的基础上,创新意志使创新情感能够按照人的价值需要进行发展。

二、培养新时代的创新思维

(一)创新思维的概念

创新思维是用独创的方法,打破常规思维界限,以超常规的方法和视角思考问题、解决问题的思维过程,旨在产生新颖的、独特的、有意义的成果。创新不是一瞬间的事情,也没有捷径。只有时时刻刻保持创新意识,在日积月累的坚持中激发创新的思维方式,才能在众多思考中豁然开朗,得到创新思维结果。

(二)创新思维的特点

1. 有强烈的好奇心和非常广泛的兴趣爱好

具有创新思维的人,对身边的事物往往都有着强烈的好奇心和广泛的兴趣,可以从平凡中发现奇迹,从司空见惯的日常现象中发现不同寻常之处,甚至是从中直接找到成功的契机。强烈的好奇心和广泛的兴趣,还能够使一个人扩大交往范围,接触多方面的事物,从中受到启发,获得有益的智慧,进而刺激和促进智力和思维的发展,并让自己大脑常常处于一种兴奋的工作状态,进而产生创新思维。

2. 具有兴趣收敛点,懂得选择和放弃

一个人,光是具有广泛的、发散性的兴趣往往还不足以形成创新思维,还需要能将发散出去的兴趣收敛到一个中心点上。任何一个人的时间和精力都是有限的,无法完成所有想做和应该做的事,因此必须对可以放弃什么做出选择。具有兴趣收敛点,懂得选择和放弃,能让一个人将自己所具备的知识、智慧、精力和时间都高度地聚合在一起,形成一股强大的、具有突破性的创造力量,而创新思维往往也就是在这时产生的。

3. 对一件事有持久的兴趣

短暂的兴趣爱好,正如"三天打鱼两天晒网"的兴趣,谁都可以。但是兴趣只有拥有持久性,个体才更容易从中产生创新思维,发挥其应有的作用。如果一个人对任何事物都有热情和兴趣,可又都是三分钟的热情,这样的人,是很难具备创造性思维的。

4. 有超强的直觉和敏锐的洞察力

具有创新思维的人,往往有着很强的直觉,能够通过自己的直觉不失时机地从各种环境中寻找和发现成功的机会。这种机会或是别人还没有看到的,或是别人看到了但还没有利用的,或是别人看到了并正在利用但还没有充分利用的,或是别人曾经看到并也利用过但由于种种原因又放弃利用的。要把握这种机会,个体就需要善于辩证、灵活变通、因势利导、随机应变、触类旁通、举一反三。

5. 性格坚韧强毅

具有创新思维的人,头脑当然是灵活的,但从性格上来讲,往往又是坚忍强毅的,非常的有主见,一旦认准了一件事,就不会轻易动摇,不管遇到多大阻挠和非议,也都能够一往无前、百折不回,绝不会盲从他人,也不会人云亦云、随声附和。

(三)创新思维的养成

培养创新思维最基本的方法就是尽量地扩大自己的思维边界,排除创新思维障碍。

1. 勇于打破传统观念

思维创新的重要障碍是传统思维,具有传统思维的人要顽强地维护着现已存在的实践和社会基础,反对创新思维对现存事物进行超越。具有传统观念的人们常常会非常墨守成规,用老眼光和老办法面对新问题,以至于使自身的思维受原有思维空间的限制,无法实现对原有认识和现存世界的超越。传统观念是阻碍创新思维的大敌。

2. 敢于质疑固定观念

观念在思维中具有惯性作用,即人们总是习惯用现有的观念去认识和评价面对的问题,而忽视了问题是否在现有的观念范围内,于是就产生了所谓的固定观念。固定观念是指人们在特定领域内形成的观念。在一定范围内,某种观念适用,但是超出这个范围,这种观念就可能变得不适用了。与传统观念一样,固定观念也是创新思维的重要阻碍。

3. 善于打破思维定式

人们在面对新问题时仍然习惯性地依据原有的思路进行思考,这就是思维惯性。如果说观念是指对认识的内容的积淀,那么定式则是对认识的形式、方法的积淀。思维定式本质上就是思维习惯。当解决经验范围内的常规性问题,思维定式和思维习惯是有用的,因为它可以使人们的思维驾轻就熟,让人简捷快速地对问题做出反应,但是它对创造性地解决问题则是一种障碍。

4. 乐于发掘兴趣

兴趣是求知欲的外在表现,能够促进人们思考、探索创新、发展思维,从而激发主动学习的原动力。当创造欲望得到充分满足时,兴趣才能达到最佳状态。要发掘兴趣,就要不断发掘行业乐趣、职业乐趣,让自身在所做的事情中得到满足。

三、提升新时代的创新能力

创新是一种探索并提供新事物和新方法的活动,需要人们打破框架、不畏权威,具有普遍性、永恒性、超前性、艰巨性和社会性等特点。

人脑是思维的器官。研究人员发现,大脑分左、右两个半球,它们分工合作:左半球控制人体右侧活动,以及抽象思维、分析思维、数学推理和语言等功能;右半球控制人体的左侧活动,以及艺术的、形象的、直觉的思维活动。

创新能力存在于我们的右脑中,所以右脑又被称为创造脑,而左脑被称为知识脑。左脑主管语言、计算、逻辑思维和时间管理;右脑主管音乐、艺术、非逻辑思维、情绪感知和空间管理,以及用形象来思考和记忆。

(一)创新能力的概念

出生于 1930 年的顾诵芬,从小对"飞机模型"情有独钟。报考大学时,他毫不犹豫地选择了上海交通大学航空专业。1956 年 8 月,新中国第一个飞机设计室在沈阳建立,顾诵芬担任气动组组长。他和团队白手起家,设计出我国第一架喷气式教练机"歼教 1"。这批平均年龄不到 22 岁的青涩设计师团队,接到的首项任务是设计一架亚音速喷气式中级教练机,该机被定名为"歼教 1",选用平直机翼、两侧进气方案,临界马赫数 0.8。顾诵芬负责其中的气动布局设计。顾诵芬在大学里只学过螺旋桨飞机设计基础课程,因此为了解决机身两侧进气的难题,他要从头学起。他跑去北京找资料,借了一辆旧自行车,每天骑车到北京航空学院(现为北京航空航天大学)查找、抄录有用的资料,买硫酸纸把图描下来,收集废针头组装仪器进行测量……在没有路灯的土路上,足足跑了一个星期。在所得资料的基础上,顾诵芬思考出一套可以进行气动力设计计算的方法,完成了翼型、翼身组合形式选择与计算,进气道参数确定和总体设计所需数据的计算。1958 年 7 月 26 日,我国第一架自行设计的喷气式飞机"歼教 1"首飞成功。

20 世纪 60 年代中期,美国已拥有两倍声速战斗机,而我国却没有与之抗衡的装备。因国际形势突变,我国唯有独立研发。1965 年,歼 8 战斗机项目启动,这也是中国自主研发的首架双发高空高速歼击机。项目启动初期,总设计师黄志千在执行公务期间,因飞机失事遇难,顾诵芬与其他几名骨干临危受命,组成技术办公室并接过了总设计师的重担。"那时候,大家都有一个共同的信念,一定要研制出我国自己设计的高空高速歼击机。"中国航空研究院原党委书记刘鸿志在他的回忆录中记述。为尽快完成飞机设计,技术人员工作在简陋的车间地下室,睡在临时搭成的双层通板铺,饿了啃口凉馒头,困了趴在图板上打个盹儿,醒来继续工作。就这样,技术人员将全机 11 400 多个零件、1200 多项标准件,用几万张 A4 图纸一笔一笔画出。1969 年 7 月 5 日,歼 8 首飞成功。但这只是一个开始。在随后的飞行试验中,歼 8 出现强烈抖振,能否解决这一问题,关系到歼 8 能否实现超声速飞行。顾诵芬知道,这是气流分离的问题,但不知道症结的具体位置在哪。当时没有高清摄像设备,他想出一个"土办法":把毛线剪成十几段,贴到飞机后机身和尾翼上,当颠簸发生时,让飞行员拍照观察是哪些毛线在动。但是拍出的照片还是看不清楚。1978 年,已接任总设计师的他决定亲自乘坐歼教 6 上天,对歼 8 进行等距离、等速度的观察。"他丝毫不顾过载对身体带来的影响和潜在的坠机风险,毅然带着望远镜、照相机,在万米高空观察拍摄飞机的动态,让所有在场同志十分感动。"当时驾驶歼教 6 的试飞员鹿鸣东回忆说。经过 3 次飞行后,顾诵芬终于发现了歼 8 抖振的症结所在,并带领团队解决了问题。此后,他又接连攻克了跨音速机体振动、发动机频繁停车、机体温度过高等技术难题,为歼 8 的最终设计定型做出了突出贡献。很快,顾诵芬又被任命为歼 8 Ⅱ 飞机的总设计师,他也因此成为航空工业首位由国家任命的型号总设计师。他制订了两侧进气的气动布局方案,解决了二元超声速可调进气道设计等一系列问题。他组织和领导多个部门、上百个单位高效协同工作,仅用 4 年时间,就让歼-8 Ⅱ 飞机实现了首飞。

（资料来源:矫阳. 顾诵芬:让中国"雄鹰"振翅高飞［EB/OL］. 2021 – 11 – 04 ［2022 – 03 – 15］. https://www. cas. cn/cm/202111/t20211104_4812468. shtml. ）

在我们的生活中,我们的父母、老师和社会团体给我们定了很多"规矩",这些"规矩"对于我们个体的安全和生存,以及维护团体的正常发展十分有用,但同时也让我们变得顺从,缺乏质疑精神,甚至不再有独立思想。创新能力是我们个体和团体实现跳跃式发展的原生动力。如果一个人不具备创新能力,可以说是庸才,如果一个民族没有创新人才作为支撑,它便只能是一个落后的民族。

创新能力是一种改造世界的能力,是创造者在各种实践活动领域中不断提供具有经济价值、社会价值、生态价值的新思想、新方法、新理论和新发明的能力。要改造这个世界,首先要认识这个世界,因此智力是创造力的必要条件。世界著名发明家爱迪生的每一项发明都与他强烈的好奇心和创新能力紧密相连。创造力强、充满好奇是一个人取得成功、展示智慧的先决条件。所以,创造力除了智力,还有一个非常关键的要素,就是创造性。

创造性就是一个人产生新奇独特的、有社会价值的产品和方法的能力。创造性通常包含创新精神、创新思维、创新方法三项内容。创造性是创新能力中最为重要的、起决定性作用的一个条件。有的人智力很好,博学广识,学历也很高,但缺乏创造性,一生难得有真正的创造性成果。有些人学历虽然不高,创新设计初始也未必积累了足够的知识,但他们的创造性很好,尤其在创新精神和创新思维方面具有超常的表现,最终取得了卓越的成就。

(二)创新能力的特点

1. 综合独特性

创新人物的能力构成都是几种能力的综合,这种综合是独特的,具有鲜明的个性色彩。

2. 结构优化性

创新能力在构成上呈现出明显的结构优化特征,而这种结构优化性是一种深度的有机结合,能发挥出意想不到的创新功能。

3. 倍增性

大量实践证明,开发和提升人的创新能力可以使其创造出更多的效益。

(三)创新能力的六要素

创新能力通常包括六种基本能力,即发现问题的能力、流畅的思维能力、变通的能力、独立创新的能力、制订方案的能力和评价的能力。

1. 发现问题的能力

发现问题的能力是指意识到那些让人难以觉察的、隐藏在习以为常现象背后的问题的能力,表现为意识到周围环境中的矛盾、冲突、需求,能够察觉到某种现象的隐蔽未解之处,能够察觉到寻常现象背后不寻常的地方。有好奇心和怀疑是发现问题的前提,因为好奇心和怀疑能够提高人们对身边信息的敏锐性,能使人发现问题和追根溯源,并提出一连串问题。

2. 流畅的思维能力

流畅的思维能力是指就某一问题情境能顺利产生多种不同的反应,给出多种解决办法和方案的能力。人们常用"下笔如行云流水""口若悬河,滔滔不绝"等来形容思维流畅的人。提出的设想不一定每个都正确,有创建性的设想也不是一下子就能在大脑中形成的。但是,提出的设想越多,有创建性的想法出现的机会也就越多。思想流畅是以丰富的知识和较强的记忆力为基础的,能让人根据当前情况所得到的印象和所观察到的事物激活知识,调出大脑中储存的信息,并进行创造性思维。

3. 变通的能力

变通的能力是指思维能迅速地从一类对象转变到另一类对象的能力,让人能够从某种思想转换到另一种思想。具有变通能力的人一般都能根据客观情况的变化机智地解决问题,在思维中灵活应变,不拘束于条条框框,敢于提出新观点,思想活跃。缺乏变通能力的人往往机械呆板、墨守成规,没有创新精神,思想陈旧、观点保守。

4. 独立创新的能力

独立创新的能力是一种不同寻常的、新奇的、独特的解决问题的能力,具有独立创新能力的人能想出别人想不出来的观念,看出别人发现不了的问题,提出新的创见,做出新的发现,实现新的突破。缺乏独创能力的人只会一味地模仿和盲从,只知道遵从传统习惯,每天进行一些重复性的活动、说些千篇一律的话。如果只是依靠模仿、学习等重复的方法而不进行变革、突破,个体是不可能创新的。

5. 制订方案的能力

创新的设想能否实现取决于方案的制订和实施。所谓制订方案的能力,是指把一个创新的想法变成一个具体的实施方案。方案是为了解决特定问题、达到预期目标而采用的方法和手段。个体在制订方案时,从设想、构思、证明到具体的设计、修改、完善,需要做大量的创造性工作。创新是一项探索性工作,没有现成方法和模式可以照搬,它不是对人类已有认识和实践的重复,而是在此基础上进行新的创造。因此,创新过程不可能是一帆风顺的,其中必然会遇到许多挫折和失败。为此,需要拟订多套方案以备选择。

6. 评价的能力

评价的能力是指通过评审,从许多方案中选择出一种方案的能力。在创新活动中,个体需要冲破任何约束,解放思想,从而提出大量的设想和方案。在多种方案中,除了"闪光"的设想之外,还不可避免地伴随着大量的在技术、经济上暂不可行的设想。因此,个体需要通过评价选出在技术、经济上可行的、有希望获得成功的方案。如果不进行评价,往往会造成人力、物力和财力的浪费。

创新能力是由上述基本能力组成的一个有机整体,只有在这六个基本能力协调一致时,创新能力才能得到充分发挥。具备创新能力的人要有效地使用这些能力,而创新就是个体将这些能力进行均衡运用的过程。

1. 发散思维训练

（1）请写出海水与江水的共同之处，越多越好。

（2）鸽子、蝴蝶、蜜蜂与苍蝇有什么相同之处？

（3）铜、铁、铝、不锈钢等金属有什么共同的属性？

2. 联想思维训练

即使忙得不可开交，也要抽空逛逛书店，盯着书目来推想书中写了什么。

3. 侧向思维训练

圆珠笔刚刚在日本造出时，困扰厂家的最大问题就是书写一阵后圆珠笔会因圆珠磨损而漏油，有的工程师从改进圆珠质量入手，有的则从改进油墨性能入手，但都未能解决漏油问题。一位叫渡边的男子却从四岁的小女儿把圆珠笔用到快要漏油时就丢弃不用这一现象中得到启发。请问他准备怎么做呢？

答案：渡边建议老板将笔芯做得短些，不等其漏油，油就用完了。这项"无漏油圆珠笔"的小发明颇受顾客欢迎。

4. 想象思维训练

"××××××"这一串符号像什么？你可以发挥自己的想象力。

答案：具象——大海的波涛、绳子、妈妈的皱纹、蜿蜒的小路、麦浪起伏等，抽象——商品价值规律、成绩起伏不定、高低起伏的音乐旋律、客观规律、曲折的人生之路等。

任务三　新时代的创新与劳动

一、新时代创新劳动的概念

创新的本质是使用价值的创新，而使用价值包含理论成果和应用成果的使用价值，它们都是由具体劳动或有用劳动生产出来的。马克思指出："由自己产品的使用价值或者由自己产品是使用价值来表示自己的有用性的劳动，我们简称为有

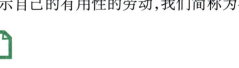

专题四　新时代的创新与创新精神

用劳动。"有用劳动是指能够生产使用价值的劳动。物品之所以有用,就是因为它有使用价值,能够满足人们一定的需求。只有一定的、有用的、具体的劳动才能生产出物品的使用价值。纺织工人的劳动生产出布匹,陶瓷工人的劳动生产出瓷器,正是这些一定的、具体的、有用的劳动,生产出了各种不同的使用价值。相同的有用劳动是重复劳动,不同的有用劳动才是创新劳动。生产相同理论成果或应用成果的劳动是重复劳动。重复劳动生产的使用价值具有边际递减的性质,创新劳动生产的使用价值才有质的提升或突破。从事理论探讨和应用研究的劳动属于创新性劳动。一般来说,人们用重复劳动不可能建设现代化经济体系,也不太可能满足人们对美好生活的需要。这是因为重复劳动会使使用价值边际递减。使用价值边际递减的一个直接后果就是社会需求下降,市场出现供过于求和价格与利润同时下跌的现象,最终导致实体经济生产规模缩小。因此说,重复劳动是一种很不利于实体经济发展的劳动。只要重复劳动的问题没有解决好,产能过剩、库存过多的矛盾就不可能从根本上得以消除,实体经济的发展就会受到需求不足的影响。建设现代化经济体系的着力点是必须把实体经济发展上去。所以,不利于实体经济发展的重复劳动,是不可能建设现代化经济体系的,这是重复劳动不可能建设好现代化经济体系和创新型国家的道理所在。

二、新时代创新劳动的特点

(一)挑战性

创新就意味着挑战。创新劳动要创造人类尚未有或部分尚未有的"新质使用价值",这本身就是对人类历史的一种挑战,就是对所要取代的"旧质使用价值"的挑战,也就是对相关重复劳动的挑战。这无异于认为"旧质使用价值"即将终结,也无异于认为批量生产这种"旧质使用价值"的重复劳动即将终结。反之,重复劳动则不具挑战性,任何重复劳动都是对一定创新劳动及其创新成果的肯定。对于创新劳动,这种挑战性既是贯穿始终的,又是全方位的。无论是创新的开始,还是创新的过程以及创新的结果,都将充满挑战性。同时,创新劳动者要完成一定的创新,无论是在思想、观念、理论还是在知识、手段、实践上,都具有挑战性。挑战性造就了创新劳动者、创新劳动和创新成果的特殊品格。可以说,这是创新劳动者之所以是创新劳动者、创新劳动之所以是创新劳动、创新成果之所以是创新成果的第一特点。

（二）风险性

如果创新意味着挑战,挑战意味着风险,那么创新也意味着风险。由于任何创新劳动都是对一定重复劳动及其生产的旧的使用价值的挑战,因而必然带来风险。反之,由于重复劳动不具挑战性,因而也就不存在这种风险性。创新劳动者不仅要具有敢于挑战的品格,而且还要具有勇担风险、失败的胆识和可容挫折、打击的心理空间。人类的创新实践反复证明,在创新劳动特别是重大创新的劳动过程中,在任何失败,哪怕是在成功前的最后一次失败面前胆怯、止步,"新的使用价值"也不能产生,甚至会导致整个创新劳动的失败。成功属于不畏惧失败的人。

（三）革命性

创新劳动,不仅具有挑战性和风险性,而且具有比挑战性、风险性更为重要的革命性。革命性是贯彻到底的挑战性和风险性。从创新劳动的结果来看,与创新劳动的挑战性、风险性相伴而生的不仅是一般性的高回报,而且作为其回报的成果还必然具有革命性。在使用价值和综合价值意义上,只要没有革命性或部分革命性的回报成果,无论其回报率多高,都不能成为创新劳动成果,并且不仅不能成为原生性创新劳动成果,也不可能成为继发性创新劳动成果。无论是马克思、恩格斯,还是其他取得伟大成功的创新劳动者,都把创新看作是历史上一种革命的力量。从挑战性到风险性、再到革命性,贯穿于创新劳动的整个过程。对于创新劳动来说,若没有革命性,其挑战性、风险性就失去了最终目的和实际价值,也就不会是真正的创新劳动。

三、新时代创新劳动的意义

（一）劳动是实现创新的基本条件

创新一直是引领社会发展的第一动力,古往今来,勤劳的人们在日常的劳动中不断认知与实践。无论是田间地头随处可见的耕犁、水车,还是人们津津乐道的高铁、网购,都是人们在生产生活中面对困难,通过劳动解决问题,实现创新与创业的鲜活案例。

（二）劳动是发展创新的核心动力

劳动作为人类生存和发展的基础,是生产物质资料的过程。在工业经济时代资源的有限性与经济社会发展需求的无限性之间存在着日益尖锐的根本矛盾。解决矛盾的唯一选择就是劳动创新,特别是科技劳动创新。劳动创新可以让人通过知识以富有资源替代短缺资源、以可再生资源替代非可再生资源,逐步实现对物质资源和能源的节约化和循环化。劳动是创新成果价值追求和财富分配的依据。现今的知识经济时代,人们对社会价值的追求主要集中在知识上,知识的占有和创新是关键。"按劳分配"中的"劳",不再是非知识性劳动和重复劳动,而是包括知识创新在内的知识性劳动;"按要素分配"中的"要素",也不再是资本和物质要素,而是包括科技、文化等在内的知识要素。创新人才成长和发展是以劳动作为依托的。无论是农业经济、工业经济还是知识经济的发展都离不开人力资本和创新人才。作为知识经济主导和支柱的智力和高新科技产业,必须依靠创新人才,特别是实践创新人才。

课 内 游 戏 ③ —— 训练时刻

思维导图主要是借助于不同图形、颜色、线条和关键词来呈现概念,思维导图能够锻炼我们的发散性思维能力和逻辑性思维能力,属于一种运用较为广泛的可视化的学习工具,具备较强的实用性。请结合一门所学课程,做一个具有创新型的思维导图,并介绍给你的同伴们。

任务四　做新时代的创新型劳动者

创业是对自己拥有的资源或通过努力对能够拥有的资源进行优化整合,从而创造出更大经济或社会价值的过程。创业是一种劳动方式,是一种需要创业者组织、运用服务、技术、器物作业的思考、推理、判断的行为。创业不仅需要外在的完善的客观条件,还需要创业者有清醒的认识和足够的能力辨别出创业机会且发掘出其中的价值。

一、创业是一种"集体劳动"

创业不是一个人的单打独斗,而是一群志同道合的人的集体劳动。为了顺利完成创业目标,创业者需要组建一支优秀的创业团队,而团队成员之间的合作在创业实践过程中尤为重要。团队合作能够激发团队成员之间相互学习的动力,也有助于提升团队的整体能力。因为大部分人的心里既有希望他人尊敬自己的心理,也有不服输的心理。团队成员的内部竞争,在一定程度上可以营造归属感和积极的工作氛围,使得每个成员在为团队努力的同时也在为自己实现目标。与此同时,其他成员也在一起为这个目标而努力,从而激起团队成员更强的工作动机。

二、从劳动者到创业者

在中国,随着经济结构的调整和企业改革,工人群体以更多元的身份,在不同行业为社会进步做着力所能及的事情。从经济社会发展来看,创业是充分利用社会资源和科学技术,同时为社会创造就业岗位、经济价值的过程。在"大众创业、万众创新"的浪潮下,为了帮助更多的大学生劳动者向创业者转变,近年来,我国各地相继制定出台了一系列支持劳动者创业的政策,比如,政府对中小企业减税降负,降低了大学生的创业门槛。学校作为创业教育的实施者,开设了系统创业类课程对学生加以指导。同时,部分高等院校的大学生经过劳动锻炼,技术技能与实践经验不断提升,身份也由劳动者向创业者转变。

(课)(内)(游)(戏)④ —— **发散性思维**

你手里只有一个物品,现在要求你去联想这个物品可以做什么。比如筷子,可以用来吃饭,除了这个作用,其还能用来做什么,比如用来测量、当杠杆、当乐器等。请尽可能给出更多的答案。

游戏目的是打破我们的固定思维,根据自己的理解和想象力给出更多的答案,训练发散性思维。

案例与实践

(身)(边)(故)(事)①

新时代的创新精神:大学生创业团队让"芳青玫瑰"绽放于荒漠化土地

陕西省榆林市绥德县是国家级贫困县,也是红色革命老区,位于中国北方的

专题四 新时代的创新与创新精神

黄土高原,其黄土厚50～180米,气候较干旱,降水集中,植被稀疏,水土流失严重。由于气候等原因,黄土高原上是不易长植被的,更不容易长出玫瑰。2018年,潍坊职业学院创业教育学院"芳成农业大学生创业团队"一行13人奔赴红色革命老区开展农业技术帮扶。创业团队抵达绥德县,就马不停蹄地走进赵家坬现代农业脱贫产业园进行实地考察,对地形地貌、土壤情况进行实地考察调研分析,并对前期扶贫帮种的500亩"芳青玫瑰"进行后期养护,并进行专业技术指导,详细询问花农栽种和养护过程中遇到和期盼解决的问题,逐一做好记录,对应制订精准帮扶计划和技术扶持方案。

2018年伊始,"芳青玫瑰"在国家级贫困县陕西省绥德县(荒漠化土地)试种成功,其成活率达到96%以上,赢得了当地农民广泛好评。"芳青玫瑰"是在野生玫瑰的基础上,经过特殊选育、改良而培育的一种抗性较强的玫瑰品种。"芳青玫瑰"既耐干旱又耐盐碱,不仅美化了环境、改善了土壤结构,还实现了当地农民的增收。通过实践帮扶教育,潍坊职业学院积极响应习近平提出的"绿水青山就是金山银山"的号召,积极引导大学生创业团队对接陕西革命老区,找准精准扶贫正确方向,通过开展"全链帮扶""科学致富""奉献青春"等多途径帮扶活动,以创新创业成果支持红色革命老区经济社会发展,在帮扶行动中触及大学生灵魂,传承革命前辈不怕苦、不怕累的红色经典精神,以实际行动奏响了助力"乡村振兴"的青春之歌。

(资料来源:葛树强."芳青玫瑰"绽放荒漠化土地 潍坊职业学院帮扶陕西革命老区[EB/OL]. 2018－05－02[2022－03－15]. https://baijiahao. baidu. com/s? id =1599318247349394886&wfr = spider&for = pc.)

🚆 身边故事②

专注热爱 精彩绽放 苏翊鸣:为国争光是我的梦想

2022年2月15日,苏翊鸣在单板滑雪男子大跳台决赛中一举夺得金牌,成为中国冬奥史上最年轻的冠军,这也是中国首块冬奥会单板滑雪男子大跳台的金牌。机遇总是眷顾有准备的人。东北的冬天很冷,却抵挡不住苏翊鸣对滑雪的热爱。为了能在天不太黑前出去滑雪,他会很自觉地早早把功课做完。有一次在上山滑雪时,苏翊鸣跟妈妈说,耳朵有点疼,刚开始妈妈问是不是一定要上去,苏翊鸣的回答很坚决,坚持上。不过等他们滑完雪回到家后,他的妈妈才发现苏翊鸣的耳朵已经冻伤了。

"决定我们一生的,不是我们的能力,而是我们的选择。"苏翊鸣说。小时候苏翊鸣去日本滑雪时,曾得到日本籍单板滑雪殿堂级教练佐藤康弘的指导,并让后者印象深刻。多年后当两人再次重逢,佐藤康弘竟然还有一张当初两人的合影。苏翊鸣说,从当初种下在奥运赛场上为国争光的想法,到真正有机会并决定成为一名职业滑手,他很幸运遇到了教练佐藤康弘。两人彼此之间无需特别的磨合,很快就建立起深厚的信任。佐藤康弘不仅是苏翊鸣的教练,现在世界上单板滑雪坡面障碍技巧和大跳台项目多位优秀运动员都是他的学生。受疫情影响,苏翊鸣有一段比较长的时间难以得到佐藤康弘的现场指导,他需要将自己的训练拍成视频,请教练在线分析。"那是一段非常难忘的经历,看到其他人在进步,自己在技术上遇到瓶颈,在我最困难的时候他一直帮助我、支持我。"苏翊鸣说:"虽然他每天已经很忙了,但都会抽出时间回复我的视频。我每天训练时间很长,会有很多视频,但是对于每一条他都会认真分析,逐一回答。"

自从 2018 年进入国家集训队后,苏翊鸣不管遇到什么样的低谷和困难,每年都能够呈现出标志性的进阶或者飞跃。2019 年 1 月,他第一次亮相国际雪联 FIS 积分赛,就在韩国平昌站夺得大跳台冠军。2019 年 12 月,从北京首钢滑雪大跳台开始,苏翊鸣第一次站上世界杯赛场,并获得国际雪联世界杯北京站大跳台比赛的第 11 名。2020 年 3 月,他成功解锁三周空翻转体 1620 度的动作,去年 10 月他又成为首位完成单板滑雪转 1980 度抓板动作的运动员。去年 12 月,在单板滑雪大跳台世界杯美国斯廷博特站的比赛中,苏翊鸣夺得第一个世界杯冠军。在这段突破与低谷并存的时光里,苏翊鸣专注于单板滑雪,为梦想付出了全部。此前在单板滑雪男子坡面障碍技巧决赛中获得自己的首枚奥运奖牌时,苏翊鸣就曾感叹道,努力永远不会欺骗你。如今苏翊鸣的愿望已经实现了两个,相信下一个梦想成真的时刻也不会遥远。

(资料来源:葛会忠. 专注热爱 精彩绽放 苏翊鸣:为国争光是我的梦想 [EB/OL]. 2022 – 02 – 17[2022 – 03 – 15]. https://m. gmw. cn/baijia/2022 – 02/ 17/1302808157. html.)

个人实践及反思

以小组为单位制定活动策划方案,在课后完成废旧物品的收集、材料用途的了解、废物再利用的制作,实现变废为宝,并在课堂上进行经验分享和作品展示。将个人反思的内容填入表 4 – 2 中。

"旧物换新颜"内容:_____

合作者:_____

表 4 – 2　个人反思

反思项目	反思结果
你是怎么获取该创意灵感的?	
你的创新思维和能力发生了哪些变化?	
你是否发现自己有创新潜力?	
人际关系的变化	

填写人:_____　　　填写时间:_____

小组课外实践

1.旧物换新颜:旧衣改造

第一步:找出两件颜色亮丽的衣服,用皮尺测量出想做的背包的大小尺寸,并将其剪下,如图4-1所示。

图4-1 步骤1

第二步:找出两块硬一点的布料,剪成跟背包大小一样的尺寸,将其作为里衬跟布料缝制在一起,如图4-2所示。

图4-2 步骤2

第三步:将黄色布料剪成尺寸大小一致的长条,缝制在背包外面,并在中间位置捏出一些褶皱,作为装饰,如图4-3所示。

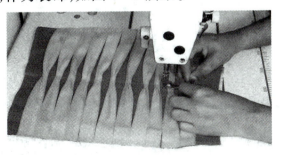

图4-3 步骤3

专题四 新时代的创新与创新精神

第四步:剪出两根布条,将边缘与背包缝合,作为背包带,如图4-4所示。

图4-4　步骤4

第五步:准备几颗纽扣点缀在褶皱处,让背包看起来更加精美漂亮,如图4-5所示。

图4-5　步骤5

第六步:成品展示,如图4-6所示。

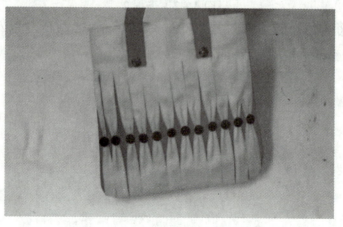

图4-6　步骤6

2. 小组实践

将小组实践的内容填入表 4 – 3 中。

表 4 – 3　小组实践

旧物换新颜

实践指南

教学目标：引导学生能够综合运用已有的知识、信息、技能和方法，提出新方法、新观点，培养学生发明创造、改革、革新的意志、信心、勇气和智慧。

活动设计：以小组为单位制订活动策划方案，在课后完成废旧物品的收集、材料用途的了解、废物再利用的制作，实现变废为宝，并在课堂上进行经验分享和作品展示。

工具使用：收集到的生活中的各种废旧物品，如包装盒、易拉罐、玻璃瓶、旧书报、旧衣物等，以及制作过程中需要的其他工具。

安全保护：制作过程中注意要安全地使用工具

小组劳动小结	
我们遇到的困难 和解决途径	
我们的问题 和解决途径	
我们的收获	
记录人：	

专题四　新时代的创新与创新精神

劳动成果展示（用照片、图片、文字描述、第三方评语、视频、劳动作品等形式展现）

 课后练习

1. 请参照创新的含义，列举几个创新的实例，并分析其所体现的创新的特点。

2. 如何用创新思维提升我们的学习、工作效率，改变我们的生活？

专题五　劳动与法律

专题引入

目标要求

一、知识目标

1. 了解劳动法的基本概念。

2. 掌握劳动基准法、劳动合同对劳动者的具体保障内容。

3. 掌握劳动争议的处理路径。

二、能力目标

在掌握基本理论的基础上,能运用基本概念、理论和基本知识,分析和解决求职过程中遇到的实际问题,提高就业能力。

三、素质目标

1. 从思想上认识订立劳动合同的重要意义。

2. 提高自我维权意识,使自身逐步具备基本的政治素质、法律素质,不断强化自身的社会责任感。

课程思政

二十大报告提出,强化就业优先政策,健全就业促进机制,促进高质量充分就业。《中华人民共和国劳动法》(简称《劳动法》)和《中华人民共和国劳动合同法》(简称《劳动合同法》)在坚持以保护劳动者合法权益为宗旨的同时,把有利于解放和发展生产力作为重要原则,在工作时间、休息休假、劳动安全卫生、劳动合同等内容中既明确规定了劳动者的权利与义务,也赋予了用人单位用工自主权,以期达到促进经济发展和社会进步的目的。高职学生是潜在的劳动者、市场经济的重要参与者,他们的法治意识对于提升社会整体法治水平具有重要作用。高职学生要掌握或了解实体法律,培养自身的规则意识和权利义务意识,合法、理性地参与到国家事务和社会事务的管理之中。

知识结构图

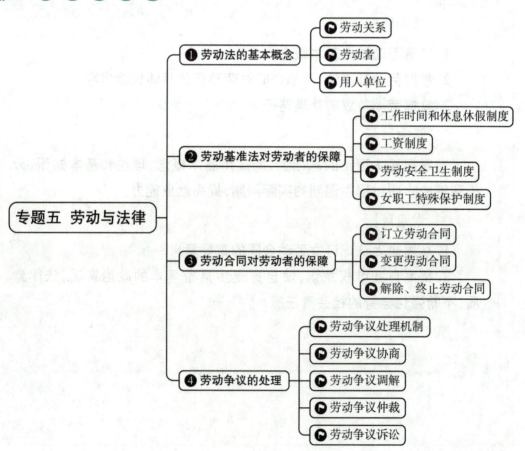

活动一:自我测试(见表 5 - 1 所列)

劳动法律制度知多少?

表 5 - 1　课堂导入回答

序号	问题	你的答案
1	你了解《劳动法》吗?	
2	你知道《劳动法》是什么时候实施的?	
3	你了解《劳动合同法》吗?	
4	你知道《劳动合同法》是什么时候实施的?	
5	你认为以上两部法律与自己有关系吗?	
6	你的年龄是多少? 你觉得自己是一名合格的劳动者吗?	
7	你觉得"996"工作制合法吗?	
8	单位与你签订了两年期限的劳动合同,约定试用期为 6 个月,你认为合法吗?	
9	假如你在某单位实习,但单位未和你签订劳动合同,你是否有权利要求签订?	
10	假如遇到拖欠工资的情况,你准备如何解决?	

对于以上问题,你了解得越多,说明你越具备劳动法治思维和素养。

《劳动法》于 1994 年 7 月 5 日颁布,1995 年 1 月 1 日施行。《劳动法》确立了劳动法制的基本框架,适应了市场经济发展的需要,在一定程度上起到了规范市场经济条件下的劳动关系和维护劳动者权益的作用。这部法律的实施,对保护劳动者的合法权利、协调劳动关系、稳定社会秩序、促进各项劳动制度的改革进程发挥了重要作用。《劳动法》于 2009 年和 2018 年分别进行了两次修正。

《劳动合同法》于 2008 年 1 月 1 日起施行,新修正的《劳动合同法》自 2013 年 7 月 1 日起施行。这是我国在劳动和社会保障法制建设中的又一个里程碑。《劳动合同法》的正式实施,表明了我国劳动制度法制建设正日趋走向成熟,《劳动合同法》从劳动合同的角度进一步加强了对劳动者的合法权益的保护,表明了我国要加大对劳动者的保护力度之决心,体现了我国以人为本的理念。在现有市场经济条件下,劳动关系主要通过劳动者与用人单位订立劳动合同来实现,而

专题五　劳动与法律

《劳动合同法》就是规范劳动合同的订立、履行、变更、解除和终止的法律规范。国家通过立法保护劳动者的整体利益,以此来保持长期稳定的生产关系,促进社会和谐。

《劳动法》与《劳动合同法》并驾齐驱,更有利于促进社会公平正义,最终实现社会和谐。

活动二:观看视频

请各位同学观看2019年9月18日播出的《今日说法》。

本期节目主要内容:每年的9月份既是学生的开学季,又是大学毕业生的求职季。山东枣庄的小宋从济南一所大学毕业后,从省城回到枣庄,遇到了听起来条件非常好的一次招聘,但是没有想到等她去上班时,一切却出乎意料……

观看视频后,请谈谈你的感想。

 知识研修

任务一　劳动法的基本概念

一、劳动关系

(一)劳动关系的含义

党的二十大报告提出了高质量发展是全面建设社会主义现代化国家的首要任务,提出了推进中国式现代化,推动共同富裕,而这离不开高质量充分就业,离不开和谐的劳动关系。为此,我们更需要把劳动关系的建立、运行、监督、调处的全过程纳入法治化轨道,更好发挥法治固根本、稳预期、利长远的保障作用,在法治轨道上全面推进中国特色和谐劳动关系高质量发展。

劳动关系,即人们在从事劳动过程中发生的社会关系。它是人类社会得以生存发展的基础。在我国,劳动关系具体表现为劳动者与用人单位(如企业、事业单位、国家机关、社会团体、个体经济组织等)之间发生的关系。

(二)劳动关系的特征

作为《劳动法》调整对象的劳动关系,具有以下特征:

(1)劳动关系产生于劳动过程中,劳动是这种关系的内容和实质。

(2)劳动关系的当事人是特定的,一方是劳动者,即劳动力的所有者;另一方是用人单位,即劳动力的使用、管理者。

(3)劳动关系兼有人身关系和财产关系的属性。一方面,劳动者向用人单位提供劳动力,将其人身在一定限度内交给用人单位;另一方面,劳动者通过让渡劳动力而获取劳动报酬,这又体现为是一种以劳动力交易为表现的财产关系。

(三)劳动关系不等于劳务关系

劳务关系是平等主体之间就劳务的提供与报酬的给付所达成的协议,应遵循意思自治、合同自由和等价有偿的原则,雇主与雇员之间形成的是一种债权债务关系。因此,劳务关系不受《劳动法》调整,应适用于《中华人民共和国民法典》的规定。

二者的区分:

(1)主体不同。劳动关系一方是符合劳动年龄并具有与履行劳动合同义务相适应能力的自然人,另一方是符合劳动法所规定条件的用人单位;劳务关系不仅用于自然人与用人单位之间,还可以用于单位之间、自然人之间,并且可能涉及两个主体以上。

(2)关系不同。劳动关系中形成的是管理与被管理、监督与被监督、指挥与被指挥的隶属关系;劳务关系是平等主体依据双方约定所形成的一种财产关系,不存在人身的隶属性。

(3)关系的稳定性不同。劳动关系比较稳定,反映的是一种持续的生产资料、劳动者、劳动对象之间的结合关系;劳务关系中多为一次性或临时性的工作,一般以完成特定工作为目的。

(4)待遇不同。在劳动关系中,劳动者除了定期得到劳动报酬外还享有劳动法律法规所规定的各项待遇,如社会保险待遇等;劳务关系一般只涉及劳动报酬问题,劳动报酬一般是一次性或分期支付,而无社会保险等其他待遇。

二、劳动者

（一）劳动者的含义

劳动者,字面意义解释为"劳动的人",是指从事体力劳动或脑力劳动的人,是劳动力的所有者和支出者。从法律角度上来看,劳动关系中的劳动者,通常又被称为职工、雇员等,指达到法定年龄(在我国年满16周岁),具有劳动能力,以从事某种社会劳动获得收入的自然人。但并不是所有的自然人都是合法的劳动者,要成为合法的劳动者必须具备一定的条件并取得劳动权利能力和劳动行为能力,例如偷渡者就是"非法劳动者"。

（二）劳动者的分类

1.脑力劳动者

脑力劳动者是指以脑力劳动为主的人员,如作家、教师、律师等。他们的工作性质决定了其必须经常性地使用脑力去分析和记忆。脑力劳动者的工作特征表现为思维劳动大于体力劳动。

2.体力劳动者

体力劳动者指以消耗体力为主的人员。他们一般主要分布在农业、工业、建筑等以体力劳动付出为主的行业。目前我国的体力劳动者主要包括:商业、服务业的基层工作人员,直接从事农、林、牧、渔业的劳动者,工业、建筑、交通运输、邮电等部门的生产工人,等等。

三、用人单位

用人单位通常也被称为企业主、资方、雇主、雇佣人等,是指具有用人权利能力和用人行为能力,运用劳动力组织生产劳动,并向劳动者支付劳动报酬的单位。其主要包括:企业、个体经济组织、国家机关、事业组织、社会团体等。

（1）企业一般是指以盈利为目的,运用各种生产要素(土地、劳动力、资本、技术和企业家才能等),向市场提供商品或服务,实行自主经营、自负盈亏、独立核算的法人或其他社会经济组织。

（2）个体经济组织一般指经工商部门批准登记注册,并领取营业执照,一般雇工在七人以下的个体工商户。

（3）国家机关是指从事国家管理或行使国家权力，以国家预算作为独立活动经费的中央和地方各级国家机关，包括国家权力机关、国家行政机关、国家司法机关、国家军事机关、政协等。国家机关录用公务员和聘任制公务员，适用《中华人民共和国公务员法》，不适用《劳动合同法》，但国家机关招用工勤人员，需要签订劳动合同，就要适用《劳动合同法》。

（4）事业组织是指国家为了社会公益目的，由国家机关举办或者其他组织利用国有资产举办的，从事教育、科技、文化、卫生等活动的社会服务组织。

（5）社会团体是指由中国公民自愿组成，为实现会员共同意愿，按照其章程开展活动的非营利性社会组织，包括党派团体、人民群众团体、文艺体育工作团体、学术研究团体、社会经济团体、行业协会、专业协会，以及各种经济技术咨询、宗教团体、爱好者团体和其他社会团体。

课内游戏①——我问你答之勤工俭学

请大家完成以下问题，并将答案依次填入表5-2中。

表5-2　勤工俭学

序号	我问	你答
1	你知道什么是勤工俭学吗	
2	你参与过勤工俭学吗	
3	你知道校内勤工俭学有哪些岗位吗	
4	你认为在校生利用业余时间勤工俭助学，可以被视为就业吗？可以建立劳动关系吗？可以不签订劳动合同吗	

 任务二　劳动基准法对劳动者的保障

一、工作时间和休息休假制度

工作时间和休息休假制度是劳动法律制度的重要内容，是尊重劳动、保护劳

 157

动力、发挥劳动者积极性的重要保障,主要包括工作时间和休息休假两部分。

(一)工作时间制度

工作时间指劳动者为履行劳动给付义务,在用人单位从事工作或生产的时间。工作时间一般以小时为计算单位,包括一昼夜内工作的小时数(日工作时间)和一周之内工作的天数和小时数(周工作时间)。一昼夜内工作时数的总和为工作日,一周内工作日的总和为工作周。

1. 工作时间的特征

(1)工作时间是劳动者履行义务的时间。根据劳动合同,劳动者必须为用人单位提供劳动,为用人单位劳动的时间即为工作时间。

(2)工作时间的长度由法律规定,或由集体合同或劳动合同约定。工作时间不仅指实际工作时间,还包括工作准备时间、交接班时间、中间休息时间、女职工哺乳时间等。劳动者在用人单位安排下从事其他工作的时间,也包括在工作时间内。

(3)工作时间是用人单位计算劳动者报酬的依据之一。当劳动者没有按劳动合同进行足够时间的劳动,其劳动报酬会受到影响。当劳动者进行加班加点工作时,还可得到加班工资。

2. 工作时间的种类

根据计量单位的不同,工作时间可以分为工作日和工作周,在实践中多以工作日作为工作时间。依据《劳动法》和《劳动合同法》的规定,以工作日为标准,工作时间可以分为以下四种。

(1)标准工时制,是指法律规定的在一般情况下统一实行的标准长度工作日,即在正常情况下,一般职工从事工作或劳动的时间,通常包括劳动者一昼夜间的工作时间长度和一周内的工作日天数两个标准。标准工作日也是最基本、最重要的工时制度。《劳动法》第三十六条规定:"国家实行劳动者每日工作时间不超过八小时、平均每周工作时间不超过四十四小时的工时制度。"

(2)计件工时制,是指以职工完成一定数量的合格产品或一定的作业量,即以劳动者完成一定劳动定额为标准来确定劳动报酬的工作时间。《劳动法》第三十七条规定:"对实行计件工作的劳动者,用人单位应当根据本法第三十七条规定的工时制度合理确定其劳动定额和计件报酬标准。"

（3）缩短工时制，是指在特殊情况下劳动者实行的少于标准工作时间长度的工时形式，即劳动者每日工作时间少于 8 小时，每周工作时间少于 40 小时。《国务院关于职工工作时间的规定》第四条规定："在特殊条件下从事劳动和有特殊情况需要适当缩短工作时间的，按照国家有关规定执行。"在保证完成生产和工作任务的前提下，缩短工时制由企业根据实际情况决定。目前，我国实行缩短工时制的劳动者主要有以下两种：①从事矿山、井下、高山、高温、低温、有毒有害、特别繁重或过度紧张的体力劳动的劳动者；②从事夜班工作的劳动者。

（4）综合计算工时制，这是针对因工作性质特殊，需连续作业或受季节及自然条件限制的企业的部分职工，采用的以周、月、季、年等为周期综合计算工作时间的一种工时制度。综合计算工时制是因用人单位生产或工作的特点，劳动者的工作时间不宜以日计算，需要分别以周、月、季、年等为周期综合计算工作时间长度（小时数）的一种工时制度。

3. 加班加点制度

（1）加班加点的概念。加班加点，即指超过正常工作时长的工作时间。在法定节日和公休假日进行工作的时间为加班，超过正常工作时间以外的延长工作的时间为加点。

（2）加班加点的条件和手续。《劳动法》第四十一条规定："用人单位由于生产经营需要，经与工会和劳动者协商后，可以延长工作时间。"因此，加班加点需符合下列三个条件：①由于生产经营需要；②须与工会协商；③须与劳动者协商。

（3）加班加点的时间限度。用人单位不得违法延长劳动者的工作时间。用人单位延长工作时间，一般每日不得超过 1 小时；因特殊原因需要延长工作时间的，在保证劳动者身体健康的条件下延长工作时间每日不得超过 3 小时，但是每月不得超过 36 小时。如果超过这一限度即认定为违法，用人单位将承担《劳动法》第九十条规定的法律责任，"由劳动行政部门给予警告、责令改正并可以处以罚款"。

（4）限制加班加点的排除性规定。《劳动法》第四十二条规定："有下列情形之一的，延长工作时间不受本法第四十一条规定的限制：（一）发生自然灾害、事故或者因其他原因，威胁劳动者生命健康和财产安全，需要紧急处理的；（二）生产设备、交通运输线路、公共设施发生故障，影响生产和公众利益，必须及时抢修的；（三）法律、行政法规规定的其他情形。"这里所说的其他情形主要包括：在法定节日和公休假日内工作不能间断，必须连续生产、运输或营业的；须利用法定节日或公休假日的停产期间进行设备检修、保养的；为完成国防紧急任务的；为完成国家下达的其他紧急生产任务的；为完成上级安排的其他紧急任务的。此种情况下，用人单位可直接安排劳动者延长工作时间，无须与工会和劳动者进行协商，延长工作时间的幅度也可视实际情况而定，不受限制。

（二）休息休假制度

休息休假是劳动者享有的基本权利之一，包括休息与休假两个方面。休息主要是指在一定时间内停止活动，使人从生理上和心理上得到松弛，它是一个消除或减轻疲劳，恢复精力的过程，是为劳动力的再生做准备；休假是依法或者依合同规定的每工作一定时间必须休息的时间。休息休假制度是国家福利的一部分，也是一个国家经济社会发展水平的重要体现。

休息休假又可称为休息时间，是指劳动者在国家规定的法定工作时间外自行支配的时间，包括劳动者每天休息的时数、每周休息的天数、节假日、年休假、探亲假等。相对于工作时间而言的，这是劳动者自由支配的时间，不得非法占用。

休息休假的种类有以下七种。

（1）工作间隙休息，是指劳动者在工作日的工作时间内享有的休息时间和用餐时间。《劳动法》对此虽未作明确规定，但在实践中，这作为劳动者一种休息的习惯已实行多年。例如，有的用人单位组织劳动者做工间操，有的用人单位在劳动者上夜班期间安排夜间用餐时间等。

（2）日休息。通常情况下，劳动者每日工作时间不得超过 8 小时，则劳动者工作日之间的休息时间不少于 16 小时。实行轮班制的企业，其班次必须平均轮换，并且不得使劳动者连续工作两个工作日。

（3）周休息。我国实行每日工作不超过 8 小时、平均每周工作不超过 44 小时的工时制，因此，通常情况下，劳动者在一周内可以休息两天。《劳动法》第三十八条规定，"用人单位应当保证劳动者每周至少休息一日"，即用人单位必须保证劳动者每周至少有一次 24 小时不间断的休息。《国务院关于职工工作时间的规定》第七条规定，一般情况下，星期六和星期日为周休息日，即公休假日，但不能实行统一工作时间的用人单位，也可以根据实际情况灵活安排周休息日。因公出差人员的周休息日,应在出差地点享用;如因工作需要未能享用者,给予补休。

（4）法定节日休假。全体公民放假的节日包括:元旦,放假 1 天（1 月 1 日）;春节,放假 3 天（农历正月初一、初二、初三）;清明节,放假 1 天（农历清明当日）;劳动节,放假 1 天（5 月 1 日）;端午节,放假 1 天（农历端午当日）;中秋节,放假 1 天（农历中秋当日）;国庆节,放假 3 天（10 月 1 日、2 日、3 日）。部分公民放假的节日及纪念日:妇女节（3 月 8 日）,妇女放假半天;中国人民解放军建军纪念日（8 月 1 日）,现役军人放假半天。对于少数民族的节日,各少数民族聚居地区的地方人民政府,按照各民族习惯,规定放假日期。全体公民放假的假日,如果适逢星期六、星期日,应当在工作日补假。部分公民放假的假日,如果适逢星期六、星期日,则不补假。

（5）探亲休假,是指职工享有保留工作岗位和工资,依法探望与自己不住在一起,又不能在公休假日团聚的配偶或父母的带薪假期。劳动者探望配偶的,每年给予一方探亲假一次,假期为 30 日;未婚者探望父母的,每年给假一次,20 天,若两年休假一次,则可给假 45 天;已婚者探望父母的,每 4 年给假一次,20 天。

（6）带薪年休假,是指劳动者连续工作满一年后,每年依法享有的保留职务和工资的一定期限连续休息的假期。劳动者能享受带薪年休假的前提条件是职工连续工作 1 年以上。休假天数为:职工累计工作已满 1 年不满 10 年的,年休假 5 天;已满 10 年不满 20 年的,年休假 10 天;已满 20 年的,年休假 15 天。特别注意,国家法定休假日、休息日不计入年休假的假期。但针对以下情况是不能享受年假带薪的:职工依法享受寒暑假,其休假天数多于年休假天数的;职工请事假累计 20 天以上且单位按照规定不扣工资的;累计工作满 1 年不满 10 年的职工,请病假累计 2 个月以上的;累计工作满 10 年不满 20 年的职工,请病假累计 3 个月以上的;累计工作满 20 年以上的职工,请病假累计 4 个月以上的。

（7）其他休假。职工本人结婚或直系亲属（父母、配偶、子女）死亡时由本单位领导批准,可享受一至三天的婚、丧假。职工在外地的直系亲属死亡时需要职工本人前去料理丧事的,可以根据路程远近,给予路程假。在批准的婚、丧假和路程假期间,职工工资照发。《女职工劳动保护特别规定》第七条规定:女职工生育享受 98 天产假,其中产前可以休假 15 天;难产的,增加产假 15 天;生育多胞胎的,每多生育 1 个婴儿,增加产假 15 天;怀孕未满 4 个月流产的,享受 15 天产假;怀孕满 4 个月流产的,享受 42 天产假。

二、工资制度

(一)工资概述

工资是指用人单位依据国家有关规定或劳动合同的约定,以货币形式直接支付给本单位劳动者的劳动报酬,一般包括计时工资、计件工资、奖金、津贴和补贴、延长工作时间的工资报酬,以及特殊情况下支付的工资,等等。依据法律、法规、规章的规定由用人单位承担或者支付给员工的下列费用不属于工资:①社会保险费;②劳动保护费;③福利费;④用人单位与员工解除劳动关系时支付的一次性补偿费;⑤计划生育费用;⑥其他不属于工资的费用。

(二)最低工资制度

党二十大报告体指出,坚持人民至上,维护人民根本利益,增进民生福祉,解决人民急难愁盼的问题。劳动报酬就是关乎着劳动者的切实利益。最低工资标准旨在维护劳动者取得劳动报酬的合法权益,保障劳动者个人及其家庭成员的基本生活。这一制度是国家为了保护劳动者的基本生活,在劳动者提供正常劳动的情况下,而强制规定用人单位必须支付给劳动者的最低工资报酬。我国《劳动法》第四十八条规定,国家实行最低工资保障制度。用人单位支付劳动者的工资不得低于当地最低工资标准。最低工资标准每年会随着生活费用水平、职工平均工资水平、经济发展水平的变化而由当地政府进行调整。

最低工资标准一般采取月最低工资标准和小时最低工资标准的形式。月最低工资标准适用于全日制就业劳动者,小时最低工资标准适用于非全日制就业劳动者。最低工资制度适用人群:凡是对于以工资为主要生活来源的劳动者都应实行最低工资制度。

最低工资的具体标准由省、自治区、直辖市人民政府规定,报国务院备案。用人单位支付劳动者的工资不得低于当地最低工资标准。

各地在确定和调整最低工资标准时应当综合参考下列因素:①劳动者本人及平均赡养人口的最低生活费用;②社会平均工资水平;③劳动生产率;④就业状况;⑤地区之间经济发展水平的差异。

2022 年 1 月 14 日,人社部最新公布的截至 2022 年 1 月 1 日全国各地区最低工资标准情况,见表 5 - 3 所列。

表 5 - 3 全国各地区最低工资标准情况

单位：元

地区	月最低工资标准				小时最低工资标准			
	第一档	第二档	第三档	第四档	第一档	第二档	第三档	第四档
北京	2320				25.3			
天津	2180				22.6			
河北	1900	1790	1680	1580	19	18	17	16
山西	1880	1760	1630		19.8	18.5	17.2	
内蒙古	1980	1910	1850		20.8	20.1	19.5	
辽宁	1910	1710	1580	1420	19.2	17.2	15.9	14.3
吉林	1880	1760	1640	1540	19	18	17	16
黑龙江	1860	1610	1450		18	14	13	
上海	2590				23			
江苏	2280	2070	1840		22	20	18	
浙江	2280	2070	1840		22	20	18	
安徽	1650	1500	1430	1340	20	18	17	16
福建	2030	1960	1810	1660	21	20.5	19	17.5
江西	1850	1730	1610		18.5	17.3	16.1	
山东	2100	1900	1700		21	19	17	
河南	2000	1800	1600		19.6	17.6	15.6	
湖北	2010	1800	1650	1520	19.5	18	16.5	16
湖南	1930	1740	1550		19	17	15	
广东	2300	1900	1720	1620	22.2	18.1	17	16.1
其中：深圳	2360				22.2			
广西	1810	1580	1430		17.5	15.3	14	
海南	1830	1730	1680		16.3	15.4	14.9	
重庆	2100	2000			21	20		
四川	2100	1970	1870		22	21	20	
贵州	1790	1670	1570		18.6	17.5	16.5	
云南	1670	1500	1350		15	14	13	
西藏	1850				18			
陕西	1950	1850	1750		19	18	17	
甘肃	1820	1770	1720	1670	19	18.4	17.9	17.4
青海	1700				15.2			
宁夏	1950	1840	1750		18	17	16	
新疆	1900	1700	1620	1540	19	17	16.2	15.4

注：本表数据时间截至2022年4月1日。

三、劳动安全卫生制度

劳动安全卫生制度也称职业安全卫生制度,是指为了保障劳动者在劳动过程中的安全和健康,在组织劳动和科学管理方面的各项规章制度。在劳动过程中,劳动者难以完全避免不安全和不卫生因素,而劳动安全卫生制度作为劳动法的一项重要内容,就是要最大限度地消除劳动过程中的不安全和不卫生因素,保障劳动者的安全和健康。我国《劳动法》第三条规定："劳动者享有获得劳动安全卫生保护的权利。"所谓劳动安全卫生保护权,是劳动者在劳动过程中获得适宜的劳动条件和必要的保护措施的权利。劳动安全卫生保护权的权利主体是劳动者,义务主体是用人单位;内容是劳动过程中用人单位有义务对危险和肮脏因素转化为伤害和疾病的情形加以控制,并在危害发生后对劳动者给予补偿;客体是劳动者的人身安全和健康。

四、女职工特殊保护制度

女职工特殊保护制度,是指根据女职工身体结构、生理机能的特点,以及抚育子女的特殊需要,在劳动方面对其特殊权益的法律保障制度。我国《宪法》规定:国家保护妇女的权利和利益,实行男女同工同酬。我国《劳动法》第六十条规定:"不得安排女职工在经期从事高处、低温、冷水作业和国家规定的第三级体力劳动强度的劳动。"我国《劳动法》第六十一条规定:"不得安排女职工在怀孕期间从事国家规定的第三级体力劳动强度的劳动和孕期禁忌从事的活动。对怀孕七个月以上的女职工,不得安排其延长工作时间和夜班劳动。"我国《劳动法》第六十三条规定:"不得安排女职工在哺乳未满一周岁的婴儿期间从事国家规定的第三级体力劳动强度的劳动和哺乳期禁忌从事的其他劳动,不得安排其延长工作时间和夜班劳动。"

课内游戏 ② ——算一算这一年休了多少天

请大家以所在年为例,算一算劳动者这一年休假多少天,将结果填入表5-4。

表5-4 劳动者休假天数

时间	双休日天数	法定节假日天数
1月		
2月		
3月		
4月		
5月		
6月		
7月		
8月		

时间	双休日天数	法定节假日天数
9 月		
10 月		
11 月		
12 月		

这一年劳动者共计休假(　　　)天。

 任务三　劳动合同对劳动者的保障

一、订立劳动合同

订立劳动合同是指劳动者和用人单位经过相互选择和平等协商,就劳动合同条款达成协议,从而确立劳动关系和明确相互权利义务的法律行为。

(一)订立劳动合同应遵循的原则

1.平等原则

平等原则是指劳动者和用人单位在法律上处于平等的地位,即平等地决定是否缔约,平等地决定合同的内容,任何一方都可拒绝与对方签订合同,同时任何一方都不得强迫对方与自己签订合同。劳动者和用人单位平等地享有权利和承担义务。

2.自愿原则

自愿原则是从平等原则引申出来的。当事人订立合同只能出于其内心真实意愿。凡采取欺诈、胁迫等手段,把自己的意愿强加给对方的,均不符合自愿原则。因此,用人单位不得强迫劳动者订立劳动合同,其他任何机关、团体和个人都无权强迫劳动者订立劳动合同。

3.协商一致原则

协商一致原则要求在订立合同的过程中,劳动者与用人单位双方对劳动合

专题五　劳动与法律

同的内容、期限等条款进行充分协商,直到双方对劳动权利、义务表示一致。在劳动合同订立过程中,可能双方当事人都有与对方订立劳动合同的意向,但在具体条款上,如工作地点、劳动报酬等问题上往往意见不一致,这时候合同就不能成立。只有协商一致,合同才能成立。

4. 合法原则

合法要求是指订立劳动合同的内容、目的、程序均不得违反法律法规的规定。

(二)如何订立劳动合同

1. 订立前的知情权

劳动者在订立劳动合同前,有权了解用人单位相关的规章制度、劳动条件、劳动报酬等情况,用人单位应当如实说明、告知。用人单位在招用劳动者时,有权了解劳动者的健康状况、知识技能和工作经历等情况,而劳动者也应当如实说明、告知。

2. 劳动合同的拟订

劳动合同可以由用人单位提供,也可以由用人单位与劳动者共同拟订。由用人单位提供的合同文本,应当遵循公平原则,不得损害劳动者的合法权益。

劳动合同应当具备以下条款:(1)劳动合同期限;(2)工作内容;(3)劳动保护和劳动条件;(4)劳动报酬;(5)劳动纪律;(6)劳动合同终止的条件;(7)违反劳动合同的责任。劳动合同除前款规定的必备条款外,当事人可以协商约定其他内容。

劳动合同当事人还可约定试用期时长。《劳动合同法》第十九条规定:"劳动合同期限三个月以上不满一年的,试用期不得超过一个月;劳动合同期限一年以上不满三年的,试用期不得超过二个月;三年以上固定期限和无固定期限的劳动合同,试用期不得超过六个月。同一用人单位与同一劳动者只能约定一次试用期。以完成一定工作任务为期限的劳动合同或者劳动合同期限不满三个月的,不得约定试用期。试用期包含在劳动合同期限内。劳动合同仅约定试用期的,试用期不成立,该期限为劳动合同期限。"

3. 劳动合同无效

有下列情形之一的,劳动合同无效:①违反法律、行政法规的;②采取欺诈、威胁等手段订立的。

无效的劳动合同,自订立之时起,就没有法律约束力。确认劳动合同部分无效的,如果不影响其余部分的效力,其余部分仍然有效。劳动合同是否无效,由劳动争议仲裁委员会或者人民法院确认。

二、变更劳动合同

劳动合同订立后,在履行劳动合同的过程中,由于社会生活和市场条件的不断变化,当订立劳动合同所依赖的客观情况发生变化时,会使得劳动合同难于履行或者难于全面履行,或者合同的履行可能造成当事人之间权利义务的不平衡,这就需要用人单位和劳动者双方对劳动合同的部分内容进行适当的调整。劳动合同的变更是指劳动合同依法订立后,在合同尚未履行或者尚未履行完毕之前,经用人单位和劳动者双方当事人协商同意,对劳动合同内容作部分修改、补充或者删减的法律行为。

我们应注意,劳动合同的变更是在原合同的基础上对原劳动合同内容作部分修改、补充或者删减,而不是重新签订劳动合同。原劳动合同未变更的部分仍然有效,变更后的内容就取代了原合同的相关内容,新达成的变更协议条款与原合同中其他条款具有同等法律效力,对双方当事人均有约束力。

三、解除、终止劳动合同

劳动合同的解除,是指当事人双方提前终止劳动合同的法律效力,解除双方的权利义务关系。

(一)双方协商解除劳动合同

《劳动合同法》第三十六条规定,"用人单位与劳动者协商一致,可以解除劳动合同"。

协商解除劳动合同没有规定实体、程序上的限定条件,只要双方达成一致,内容、形式、程序不违反法律禁止性、强制性规定即可。

(二)劳动者单方解除劳动合同

在具备法律规定的条件时,劳动者享有单方解除权,无须双方协商达成一致意见,也无须征得用人单位的同意。《劳动合同法》第三十七条规定:"劳动者提前三十日以书面形式通知用人单位,可以解除劳动合同。劳动者在试用期内提前三日通知用人单位,可以解除劳动合同。"

《劳动合同法》第三十八条规定:"用人单位有下列情形之一的,劳动者可以解除劳动合同:(一)未按照劳动合同约定提供劳动保护或者劳动条件的;(二)未及时足额支付劳动报酬的;(三)未依法为劳动者缴纳社会保险费的;(四)用人单位的规章制度违反法律、法规的规定,损害劳动者权益的;(五)因本法第二十六条第一款规定的情形致使劳动合同无效的;(六)法律、行政法规规定劳动者可以解除劳动合同的其他情形。用人单位以暴力、威胁或者非法限制人身自由的手段强迫劳动者劳动的,或者用人单位违章指挥、强令冒险作业危及劳动者人身安全的,劳动者可以立即解除劳动合同,不需事先告知用人单位。"

(三)用人单位单方解除劳动合同

在具备法律规定的条件时,用人单位享有单方解除权,无须双方协商达成一致意见。

《劳动合同法》第三十九条规定,"劳动者有下列情形之一的,用人单位可以解除劳动合同:(一)在试用期间被证明不符合录用条件的;(二)严重违反用人单位的规章制度的;(三)严重失职,营私舞弊,给用人单位造成重大损害的;(四)劳动者同时与其他用人单位建立劳动关系,对完成本单位的工作任务造成严重影响,或者经用人单位提出,拒不改正的;(五)因本法第二十六条第一款第一项规定的情形致使劳动合同无效的;(六)被依法追究刑事责任的。"

《劳动合同法》第四十条规定:"有下列情形之一的,用人单位提前三十日以书面形式通知劳动者本人或者额外支付劳动者一个月工资后,可以解除劳动合同:(一)劳动者患病或者非因工负伤,在规定的医疗期满后不能从事原工作,也不能从事由用人单位另行安排的工作的;(二)劳动者不能胜任工作,经过培训或者调整工作岗位,仍不能胜任工作的;(三)劳动合同订立时所依据的客观情况发生重大变化,致使劳动合同无法履行,经用人单位与劳动者协商,未能就变更劳动合同内容达成协议的。"

《劳动合同法》第四十一条有以下规定,"有下列情形之一,需要裁减人员二十人以上或者裁减不足二十人但占企业职工总数百分之十以上的,用人单位提前三十日向工会或者全体职工说明情况,听取工会或者职工的意见后,裁减人员方案经向劳动行政部门报告,可以裁减人员:(一)依照企业破产法规定进行重整的;(二)生产经营发生严重困难的;(三)企业转产、重大技术革新或者经营方

高等职业院校劳动教育与实践教程

式调整,经变更劳动合同后,仍需裁减人员的;(四)其他因劳动合同订立时所依据的客观经济情况发生重大变化,致使劳动合同无法履行的。"

课内游戏③——劳动合同改一改

某公司准备与某应聘人员签订劳动合同,下面是该合同的部分条款(公司为甲方,被聘用员工为乙方)。

第一条:劳动合同期限为两年,从2020年12月15日至2022年12月14日,其中试用期为三个月,至2021年3月14日止。

第二条:乙方担任网络管理员工作,工作地点待定,甲方根据业务需要将乙方安排至全国任何省、市分公司。

第三条:乙方每天工作8小时、每周工作40小时,甲方为乙方提供5000元/月的工资报酬,其中包括基本工资、绩效工资和加班工资等内容。试用期工资按岗位工资的70%发放。

第四条:甲、乙双方按国家规定参加社会保险。甲方为乙方办理有关保险手续,并承担相应的社会保险义务,乙方应缴纳的社会保险费由甲方代缴。用工期间,甲方有权单方面解除劳动合同,乙方无权单方面解除劳动合同。

试分析上述条款哪些地方不符合我国劳动法律法规的有关规定?应该如何进行修改?

任务四 劳动争议的处理

一、劳动争议处理机制

在现实生活中,随着我国经济的不断发展、劳动关系的不断变化和人们的法治观念、维权意识的逐步提高和增强,用人单位与劳动者之间由于工资问题、工伤问题、休息休假问题等产生纠纷也是难以避免的事情。劳动纠纷的发生,不仅使正常的劳动关系得不到维护,还会使劳动者的合法利益受到损害,不利于社会的稳定。为了解决这些矛盾和问题,建立和谐的社会关系,构建便捷、高效的劳动争议处理机制显得十分重要。

劳动争议处理机制,是通过劳动立法的形式将劳动争议处理的机构、原则、程序、受理范围等确定下来,用以处理、解决劳动争议的一项法律制度。《劳动法》第七十七条规定:"用人单位与劳动者发生劳动争议,当事人可以依法申请调解、仲裁、提起诉讼,也可以协商解决。"《劳动法》第七十九条规定:"劳动争议发生后,当事人可以向本单位劳动争议调解委员会申请调解;调解不成,当事人一方要求仲裁的,可以向劳动争议仲裁委员会申请仲裁。当事人一方也可以直接向劳动争议仲裁委员会申请仲裁。对仲裁裁决不服的,可以向人民法院提起诉讼。"

二、劳动争议协商

劳动争议协商,也称劳动争议和解,是指劳动者与用人单位在问题发生后,双方在相互尊重、相互信任和平等的前提下,通过私下沟通的方式解决争议问题。《中华人民共和国劳动争议调解仲裁法》(简称《劳动争议调解仲裁法》)第四条规定:"发生劳动争议,劳动者可以与用人单位协商,也可以请工会或者第三方共同与用人单位协商,达成和解协议。"党的二十大报告提出,要注重发挥工会枢纽型组织作用,不断增强政治性、先进性、群众性,在充分发挥党联系职工群众的桥梁纽带作用中体现新作为。

劳动争议协商作为解决劳动争议的一种方式,具有如下特征:

①双方性。劳动争议协商是劳动争议的双方当事人自行协商解决争议,无第三者介入。

②自愿性。劳动争议双方是基于完全自愿进行协商,任何人不得强迫、威胁。

③选择性。劳动争议当事人可以选择通过协商方式来解决争议,也可以不选择协商方式而直接选择调解或仲裁方式解决争议。

④便捷性。由于劳动争议协商无法定程序,可以随时随地进行协商,因此相较于其他方式更为简便、快捷、灵活,成本低廉,这一方式有利于促进问题的快速解决。双方协商后达成的和解协议也更易于执行。

三、劳动争议调解

劳动争议调解是指在企业与员工之间,由于社会保险、薪资、福利待遇、劳动关系等发生争议时,由第三方(例如专业性的人才机构、争议调解中心等)进行的和解性咨询。《劳动法》第八十条规定:"在用人单位内,可以设立劳动争议调解委员会。劳动争议调解委员会由职工代表、用人单位代表和工会代表组成。劳动争议调解委员会主任由工会代表担任。劳动争议经调解达成协议的,当事人应当履行。"

劳动争议调解具体流程包括如下。

(一)申请与受理

劳动争议发生后,当事人如果认为需要通过调解方式解决劳动争议,就应当向所在企业的劳动争议调解委员会明确提出调解申请,调解委员会只有在接到当事人的申请后,才能考虑是否受理。

申请调解是当事人的一项权利,任何人不得对此进行非法干涉、限制和剥夺。劳动争议当事人申请调解,应当自知道或者应当知道其权利被侵害之日起30日内,以口头或书面形式向调解委员会提出申请,并填写"劳动争议调解申请书"。当事人申请调解的方式可以是书面的,也可以是口头的,但不管采取何种方式,必须符合三个条件:申请人必须与本争议有直接的利害关系;有明确的相对人,即申请人必须说明与谁发生了争议,在哪些问题上发生了争议;有具体的调解请求和事实、理由。

申请人向企业劳动争议调解委员会提出申请后,调解委员会应当依法进行审查,然后根据不同情况,分别做出决定。调解委员会审查,主要应从以下几个方面着手:审查申请调解的争议是否属于劳动争议,不是劳动争议的,不予受理;审查调解申请人是否合格;审查申请调解的劳动争议是否符合劳动争议调解委员会接受申请的范围和条件。另外,调解委员会接到调解申请后,应征询对方当事人的意见,对方当事人不愿调解的,应做好记录,在3日内以书面形式通知申请人;审查申请调解的劳动争议是否已经经过仲裁裁决或法院判决。对已经过仲裁裁决或法院判决的,调解委员会不应受理,应当告知当事人按照申诉办理。调解委员会应在4日内做出受理或不受理申请的决定,对不受理的,应向申请人说明理由。

(二)进行调查

案件受理后,调解委员会的首要任务是开展调查工作。调查的内容主要包括:当事人争议的事实及对调解申请提出的意见和依据;调查争议所涉及的其他有关人员、单位和部门,以及他们对争议的态度和看法;察看和翻阅有关劳动法规,以及争议双方订立的劳动合同或集体合同等。

(三)实施调解

实施调解是指通过召开调解会议对争议双方的分歧进行调解。调解会议一般由调解委员会主任主持,参加人员是争议双方当事人或其代表,其他有关部门或个人也可以参加。

实施调解有两种结果。一是调解达成协议,这时要依法制作调解协议书。二是调解不成或调解达不成协议,这时要做好记录,并制作调解处理意见书,提出对争议的有关处理意见。

(四)调解协议的执行

调解协议达成后,争议双方当事人都应自觉地执行调解协议书的内容。

与协商程序一样,调解程序也由当事人自愿选择,且调解也不具有强制执行力,如果一方反悔,同样可以向仲裁机构申请仲裁。

四、劳动争议仲裁

(一)劳动争议仲裁概述

仲裁是解决劳动争议的必经程序。作为企业劳动争议的处理办法之一,劳动争议仲裁是指劳动争议仲裁委员会对用人单位与劳动者之间发生的争议,在查明事实、明确是非、分清责任的基础上,依法作出裁决的一种法律制度。

(二)劳动争议仲裁程序

1.申请

当事人向劳动争议仲裁委员会申请仲裁必须具备以下几个条件。

(1)申请人必须是劳动争议的一方的当事人。当事人向劳动争议仲裁委员会申请仲裁要提交申诉书,并按照被诉人数提交副本。仲裁申诉书要写明的事项包括下面几项:①职工当事人姓名、职业、住址和工作单位;②用人单位的名称、地址和法定代表人的姓名、职务;③仲裁请求和所根据的事实和理由;④证据、证人的姓名和住址。

(2)申请仲裁的劳动争议必须是属于劳动争议仲裁委员会依法受理的范围。《劳动争议调解仲裁法》第二条的规定如下。中华人民共和国境内的用人单位与劳动者发生的下列劳动争议,适用本法:(一)因确认劳动关系发生的争议;(二)因订立、履行、变更、解除和终止劳动合同发生的争议;(三)因除名、辞退和辞职、离职发生的争议;(四)因工作时间、休息时间、社会保险、福利、培训以及劳动保护发生的争议;(五)因劳动报酬、工伤医疗费、经济补偿或者赔偿金等发生的争议;(六)法律、法规规定的其他劳动争议。

(3)申请人必须向有管辖权的劳动争议仲裁委员会提出仲裁申请。

(4)有明确的被诉人。如没有明确的侵权主体,申请不能成立。

(5)仲裁申请必须在法定的仲裁时效内提出。劳动争议申请仲裁的时效期间为1年。

仲裁时效期间从当事人知道或者应当知道其权利被侵害之日起计算。因不可抗力或者有其他正当理由,当事人不能在1年仲裁时效期间申请仲裁的,仲裁时效中止。从中止时效的原因消除之日起,仲裁时效期间继续计算。劳动关系存续期间因拖欠劳动报酬发生争议的,应当自劳动关系终止之日起1年内提出。

2. 受理

劳动争议仲裁委员会收到仲裁申请之日起5日内,认为符合受理条件的,应当受理,并通知申请人;认为不符合受理条件的,应当书面通知申请人不予受理,并说明理由。对劳动争议仲裁委员会不予受理或者逾期未做出决定的,申请人可以就该劳动争议事项向人民法院提起诉讼。

劳动争议仲裁委员会受理仲裁申请后,应当在5日内将仲裁申请书副本送达被申请人。被申请人收到仲裁申请书副本后,应当在10日内向劳动争议仲裁委员会提交答辩书。

劳动争议仲裁委员会收到答辩书后,应当在5日内将答辩书副本送达申请人。被申请人未提交答辩书的,不影响仲裁程序的进行。

3. 开庭前的准备工作

劳动争议仲裁委员会应当在受理仲裁申请之日起5日内将仲裁庭的组成情况书面通知当事人。仲裁庭应当在开庭5日前,将开庭日期、地点书面通知双方当事人。当事人有正当理由的,可以在开庭3日前请求延期开庭。是否延期,由劳动争议仲裁委员会决定。

4. 开庭与裁决

(1)开庭。申请人经书面通知无正当理由不到庭,或者未经仲裁庭许可中途退庭的,视为撤回仲裁申请;被申请人经书面通知,无正当理由或者未经仲裁庭许可中途退庭的,可以缺席裁决。

仲裁庭对专门性问题认为需要鉴定的,可以交由当事人约定的鉴定机构鉴定;当事人没有约定或者无法达成约定的,由仲裁庭指定的鉴定机构鉴定。根据当事人的请求或者仲裁庭的要求,鉴定机构应当派鉴定人参加开庭。当事人经仲裁庭许可,可以向鉴定人提问。

当事人在仲裁过程中有权进行质证和辩论。质证和辩论终结时,首席仲裁员或独任仲裁员应当征询当事人的最后意见。仲裁庭应当将开庭情况记入笔录。当事人和其他仲裁参加人认为对自己陈述的记录有遗漏或者差错的,有权申请补正。如果不予补正,应当记录该申请。笔录由仲裁员、记录人员、当事人和其他仲裁参加人签名或者盖章。当事人申请仲裁后,可以自行和解,也可以撤回仲裁申请。当事人达成和解协议、撤回仲裁申请后反悔的,还可以申请仲裁。

仲裁庭在做出裁决前,应当先行调解。调解达成协议的,仲裁庭应当制作调解书。调解书应当写明仲裁请求和当事人协议的结果。调解书由仲裁员签名,加盖劳动争议仲裁委员会印章,送达双方当事人。调解书经双方当事人签收后,发生法律效力。调解不成或者调解书送达前,一方当事人反悔的,仲裁庭应当及时做出裁决。

(2)裁决。仲裁庭裁决劳动争议案件,应当自劳动争议仲裁委员会受理仲裁申请之日起45日内结束。案情复杂需要延期的,经劳动争议仲裁委员会主任批准,可以延期并书面通知当事人,但是延长期限不得超过15日。逾期未做出仲裁裁决的,当事人可以就该劳动争议事项向人民法院提起诉讼。

裁决应当按照多数仲裁员的意见做出,少数仲裁员的不同意见应当记入笔录。仲裁庭不能形成多数意见时,裁决应当按照首席仲裁员的意见做出。裁决书应当载明仲裁请求、争议事实、裁决理由、裁决结果和裁决日期。裁决书由仲裁员签名,加盖劳动争议仲裁委员会印章。对裁决持不同意见的仲裁员,可以签名,也可以不签名。

对于任何劳动争议,劳动者对仲裁裁决不服的,都可以自收到仲裁裁决书之日起15日内向人民法院提起诉讼。期满不起诉的,裁决书发生法律效力。

对于用人单位而言,法律对其起诉的权利予以一定的限制,某些特定争议案件的仲裁裁决属于终局裁决,一旦做出即发生法律效力,用人单位不能再向人民法院提起诉讼。这些争议包括两类：①追索劳动报酬、工伤医疗费、经济补偿或者赔偿金，不超过当地月最低工资标准 12 个月金额的争议；②因执行国家的劳动标准在工作时间、休息休假、社会保险等方面发生的争议。

5.执行和先予执行

《劳动争议调解仲裁法》第五十一条规定："当事人对发生法律效力的调解书、裁决书，应当依照规定的期限履行。一方当事人逾期不履行的，另一方当事人可以依照民事诉讼法的有关规定向人民法院申请执行。受理申请的人民法院应当依法执行。"

由于劳动争议往往涉及劳动者的切身利益和基本生活问题，为保护其权益，仲裁过程中可以适用先予执行制度。《劳动争议调解仲裁法》第四十四条规定："仲裁庭对追索劳动报酬、工伤医疗费、经济补偿或者赔偿金的案件，根据当事人的申请，可以裁决先予执行，移送人民法院执行。仲裁庭裁决先予执行的，应当符合下列条件：（一）当事人之间权利义务关系明确；（二）不先予执行将严重影响申请人的生活。劳动者申请先予执行的，可以不提供担保。"

五、劳动争议诉讼

劳动争议的诉讼，是指劳动争议当事人不服劳动争议仲裁委员会的裁决，在规定的期限内向人民法院起诉，人民法院依法受理后，依法对劳动争议案件进行审理的活动。人民法院审理劳动争议案件的程序适用《中华人民共和国民法典》《劳动法》《劳动合同法》《劳动争议调解仲裁法》《中华人民共和国民事诉讼法》（简称《民事诉讼法》）等相关法律的规定。劳动争议诉讼制度从根本上将劳动争议处理工作纳入了法制轨道，以法的强制性保证了劳动争议的彻底解决。

（一）劳动争议诉讼第一审程序

1.起诉和受理

起诉是公民、法人和其他组织在其民事权益受到侵害或与他人发生争议时，向人民法院提起诉讼，请求人民法院通过审判予以司法保护的行为。起诉是当事人获得司法保护的手段，也是人民法院对民事案件行使审判权的前提。《民事诉讼法》第一百二十二条规定："起诉必须符合下列条件：（1）原告是与本案有直接利害关系的公民、法人和其他组织；（2）有明确的被告；（3）有具体的诉讼请求和事实、理由;(4)属于人民法院受理民事诉讼的范围和受诉人民法院管辖。"起诉的方式以书面起诉为原则,以口头起诉为例外。

受理是人民法院通过对当事人的起诉进行审查,对符合法律规定条件的,决定立案审理的行为。法院受理案件就意味着民事诉讼程序的开始。

2. 审理前的准备

审理前的准备工作主要有以下四点。

(1)送达起诉状副本和提出答辩状。人民法院应当在立案之日起 5 日内将起诉状副本送达被告,被告应当在收到起诉状副本之日起 15 日内提出答辩状,法院在收到答辩状之日起 5 日内将答辩状副本送达原告。被告不提出答辩状的,不影响人民法院审理。

(2)告知当事人诉讼权利义务及合议庭组成人员。为了保障当事人申请回避的权利,合议庭组成后,法院应当在 3 日内把合议庭的组成人员告知当事人。

(3)审阅诉讼材料,调查收集必要的证据。

(4)更换和追加当事人。法院发现原告或被告不是案件的利害关系人时,应当将不合格的当事人换成合格的当事人。在共同诉讼中,如果法院发现应当参加诉讼的当事人没有参加诉讼,应当通知其参加诉讼,或者由当事人向人民法院申请追加。

3. 开庭审理

开庭审理是人民法院在当事人和其他诉讼参与人的参加下,依照法定形式和程序,查清案件事实、分清是非责任,对案件做出处理决定的诉讼活动。其方式有公开审理和不公开审理两种。根据《民事诉讼法》的规定,涉及国家秘密、个人隐私或者法律另有规定的案件,实行不公开审理。离婚案件、涉及商业秘密的案件,当事人申请不公开审理的,可以不公开审理。

人民法院开庭审理,按照以下六个阶段依次进行。

(1)开庭准备阶段。此阶段主要完成三项任务:确定开庭审理的日期,通知当事人和诉讼参与人出庭参加审理发布开庭审理的公告。

(2)宣布开庭阶段。

(3)法庭调查阶段。法庭调查是开庭审理的核心,也是案件进入实体审理的重要环节。法庭调查按下列顺序进行:①当事人陈述;②出示证据,相互质证;③认证,合议庭对经过庭审质证之证据的效力予以确认;④归纳总结,审判长在法庭调查结束之前,对调查结果进行概括和说明。

(4)法庭辩论阶段。法庭辩论是双方当事人及其诉讼代理人,在审判人员主持下,就案件事实和适用法律阐述自己的观点,并互相进行辩驳,以达到查明事实、分清是非责任之目的的活动。法庭辩论按照下列顺序进行:①原告及其诉讼代理人发言;②被告及其诉讼代理人发言;③第三人及其诉讼代理人发言;④互相辩论。

(5)合议庭评议阶段。合议庭评议采用秘密方式,评议情况不得对当事人和社会公开。合议庭成员内部意见不一致时,实行少数服从多数的原则,但不同意见应如实记入笔录。

(6)宣告判决阶段。宣告判决应一律公开进行。宣判方式有当庭宣判和定期宣判两种。宣判时,必须告知当事人上诉权利、上诉期限和上诉的法院。

4.民事判决和裁定

民事判决是法院通过对劳动争议案件的审理,在查明事实的基础上,依照法律、法规的规定,对当事人之间的实体问题所作的结论性断定。民事裁定是法院在审理劳动争议案件的过程中,为了保证审判工作的顺利进行,就诉讼程序方面的有关事项所作的断定。判决书、裁定书由审判人员、书记员署名,加盖人民法院印章。

(二)劳动争议诉讼第二审程序

第二审程序是由于当事人不服地方各级人民法院生效的第一审裁决而在法定期间内向上一级人民法院提起上诉而引起的诉讼程序。第二审程序也称为上诉审程序、终审程序。

与第一审程序不同,第二审程序由审判员组成合议庭,合议庭的成员人数,必须是单数。

发回重审的案件,由原审法院按照第一审程序另行组成合议庭。二审程序有利于上级人民法院检查和监督下级法院的审判程序;有利于保护当事人的合法权益;有利于加强上下级法院的联系;有利于克服重实体轻程序的错误倾向,提高审判人员执法水平。

第二审程序通常包括下列阶段。

(1)上诉的提起。当事人行使上诉权,必须具备以下条件。

①提起上诉的必须是享有上诉权或可以依法行使上诉权的人。

②提起上诉的对象必须是依法允许上诉的判决或裁定。

③对判决提起上诉的期限为 15 日,对裁定提起上诉的期限为 10 日,从判决书、裁定书送达当事人之日起算。

④上诉必须递交上诉状。原审法院在收到上诉人提出的上诉状或者第二审法院移交的上诉状后,应当在 5 日内将上诉状副本送达对方当事人,并告知其在 15 日内提出答辩状。人民法院应当在收到答辩状之日起 5 日内将副本送达上诉人。未提出答辩状的,不影响审理。原审法院收到上诉状、答辩状,应当在 5 日内连同全部案卷和证据报送第二审法院。上诉法院审查上诉人的上诉后,认为符合法定条件的,应予立案受理。

(2)上诉案件的审理和裁判。上诉案件的审理范围是第二审法院只对上诉人的上诉请求的有关事实和适用法律进行审理。审理方式既可以开庭审理,也可以依法进行裁判。二审中可以调解,调解无效的,应当及时判决。

对上诉案件,分不同情况可以做出以下裁判。

(1)原判决、裁定认定事实清楚,适用法律正确的,以判决、裁定方式驳回上诉,维持原判决、裁定。

(2)原判决、裁定认定事实错误或者适用法律错误的,以判决、裁定方式依法改判、撤销或者变更。

(3)原判决认定基本事实不清的,裁定撤销原判决,发回原审人民法院重审,或者查清事实后改判。

(4)原判决遗漏当事人或者违法缺席判决等严重违反法定程序的,裁定撤销原判决,发回原审人民法院重审。原审人民法院对发回重审的案件作出判决后,当事人提起上诉的,第二审人民法院不得再次发回重审。

课内游戏 4 ——我来支支招

劳动,是一个简单又复杂的问题,简单在于它的基本是劳动者付出工作和获得报酬,复杂在于劳动者的权益和维护都需要依法而行。近年来,"讨薪""维权"已成为老百姓热议的话题,特别是随着进城务工人员人数的增加,发生劳动争议时,有的人会选择忍气吞声,有的人会选择上访,但最终都不能很好地解决争议,那么你认为劳动者应如何维护个人合法权益,如何做到"维权不违法"呢?请给他们支支招。

案例与实践

身边故事①

重庆鼎新公司诉杨坤贵确认劳动关系纠纷案

基本案情

2012 年 6 月 28 日，原告重庆鼎新公司同吴金宝签订"荣城御景土石方工程承包合同"，将其承包的重庆市荣昌县荣城御景地下室及土石方工程发包给吴金保承建。7 月 4 日，吴金保同傅登国签订"荣城御景土石方工程承包合同"，将上述工程以自己的名义发包给傅登国承建。7 月 10 日，傅登国聘请黄锡品清扫工程车洒落在公路上的渣土，清扫范围位于荣昌县荣城御景地下室及土石方工程工作场地之外，在工程车经过的荣昌县"5 号桥"附近的公路路段。7 月 14 日晚，黄锡品下班离开"5 号桥"后，于当天 22 时许因道路交通事故死亡。对傅登国同黄锡品就黄锡品的工资、上下班时间的约定，黄锡品的丈夫杨坤贵称"不清楚"，但确定黄锡品死亡前未领到工资。鼎新公司称，经了解得知，黄锡品是傅登国雇用的，其工作是由傅登国安排，报酬是清扫完即付款。

黄锡品死亡后，杨坤贵于 2012 年 12 月 28 日以鼎新公司为被申请人向荣昌区劳动人事争议仲裁委员会申请劳动关系仲裁。仲裁委以渝荣劳人仲案裁字（2013）第 9 号仲裁裁决书裁决：申请人杨坤贵的妻子黄锡品与被申请人重庆鼎新环保工程有限公司从 2012 年 7 月 10 日至 2012 年 7 月 14 日劳动关系成立。鼎新公司不服，于 2013 年 4 月 10 日诉至荣昌县人民法院，请求确认黄锡品同鼎新公司之间不成立劳动关系。

裁判结果

荣昌区法院审理认为，依据《劳动合同法》及相关法律规定，劳动关系的成立，须一方为有用工主体资格的用人单位，另一方为自然人；用人单位和自然人之间必须形成管理与被管理的隶属关系。本案中，荣昌县荣城御景地下室及土石方工程是由吴金保以个人名义发包给傅登国个人承建。傅登国以其个人名义

专题五 劳动与法律

招用黄锡品,并将其安排在荣城御景施工现场外的荣昌县"5号桥"附近清扫渣土。黄锡品的报酬由傅登国同黄锡品商定,其工作地点不在荣昌县荣城御景工程施工现场,原告未对黄锡品的工作进行安排,也无法对黄锡品的工作进行管理。综上,本案不符合劳动和社会保障部(2005)12号《关于确立劳动关系有关事项的通知》第四条规定的情形。法院确认黄锡品同鼎新公司在2012年7月10日至2012年7月14日期间未形成管理与被管理的隶属关系,双方在该期间未成立劳动关系。

荣昌区法院判决:被告杨坤贵的妻子黄锡品同原告重庆鼎新公司在2012年7月10日至2012年7月14日期间未成立劳动关系。

一审宣判后,被告杨坤贵不服一审判决,上诉至重庆市第五中级人民法院。重庆五中院审理认为,一审判决事实认定清楚,法律适用正确,依法应予维持。判决:驳回上诉,维持原判。

[资料来源:(2013)荣法民初字第01507号,(2013)渝五中法民终字第03187号]

🚃 身边故事②

中兴通讯(杭州)有限责任公司诉王鹏劳动合同纠纷案

基本案情

2005年7月,被告王鹏进入原告中兴通讯(杭州)有限责任公司(以下简称中兴通讯)工作,劳动合同约定王鹏从事销售工作,基本工资每月3 840元。该公司的"员工绩效管理办法"规定:员工半年、年度绩效考核分别为S、A、C1、C2四个等级,分别代表优秀、良好、价值观不符、业绩待改进;S、A、C(C1、C2)等级的比例分别为20%、70%、10%;不胜任工作原则上考核为C2。王鹏原在该公司分销科从事销售工作,2009年1月后因分销科解散等原因,转岗至华东区从事销售工作。2008年下半年、2009年上半年及2010年下半年,王鹏的考核结果均为C2。中兴通讯认为,王鹏不能胜任工作,经转岗后,仍不能胜任工作,故在支付了部分经济补偿金的情况下解除了劳动合同。

2011年7月27日,王鹏提起劳动仲裁。同年10月8日,仲裁委作出裁决:中兴通讯支付王鹏违法解除劳动合同的赔偿金余额36 596.28元。中兴通讯认为其不存在违法解除劳动合同的行为,故于同年11月1日诉至法院,请求判令不予支付解除劳动合同赔偿金余额。

裁判结果

浙江省杭州市滨江区人民法院于 2011 年 12 月 6 日作出(2011)杭滨民初字第 885 号民事判决:原告中兴通讯(杭州)有限责任公司于本判决生效之日起十五日内一次性支付被告王鹏违法解除劳动合同的赔偿金余额 36 596.28 元。宣判后,双方均未上诉,判决已发生法律效力。

法院生效裁判认为:为了保护劳动者的合法权益,构建和发展和谐稳定的劳动关系,《劳动法》《劳动合同法》对用人单位单方解除劳动合同的条件进行了明确限定。原告中兴通讯以被告王鹏不胜任工作,经转岗后仍不胜任工作为由,解除劳动合同,对此应负举证责任。根据"员工绩效管理办法"的规定,"C(C1、C2)考核等级的比例为 10%",虽然王鹏曾经考核结果为 C2,但是 C2 等级并不完全等同于"不能胜任工作"。中兴通讯仅凭该限定考核等级比例的考核结果,不能证明劳动者不能胜任工作,不符合据此单方解除劳动合同的法定条件。虽然 2009 年 1 月王鹏从分销科转岗,但是转岗前后均从事销售工作,并存在分销科解散导致王鹏转岗这一根本原因,故不能证明王鹏系因不能胜任工作而转岗。因此,中兴通讯主张王鹏不胜任工作,经转岗后仍然不胜任工作的依据不足,存在违法解除劳动合同的情形,应当依法向王鹏支付经济补偿标准二倍的赔偿金。

(资料来源:最高人民法院案例指导与参考丛书编选组. 最高人民法院劳动案例指导与参考[M].北京:人民法院出版社,2018.)

个人实践及反思

请大家收集各类招聘信息,并根据收集的招聘信息,根据本章所学内容分析其存在的招聘陷阱。

小组课外实践

利用课后休息时间,积极开展实践调查。对在校园中的同学们对《劳动法》和《劳动合同法》的了解情况进行一次调查。我们制定了一份调查问卷。

问卷如下:

(1)请问你了解《劳动合同法》的基本内容吗?

(2)请问你知不知道什么是劳动合同?

(3)你觉得签订劳动合同有用吗?

(4)劳动合同的格式是什么、基本内容有哪些?

专题五 劳动与法律

（5）在进入公司时,公司与你有没有签订书面劳动合同?

（6）当公司不与你签订合同时,你会不会坚持要求公司与你签订劳动合同?

（7）你知不知道加班工资怎么计算?

（8）你知不知道劳动者在哪些时间应当享有休假权利?

（9）若公司有克扣你的工资或其他侵犯你的权益时,你会怎么办?

（10）你知道劳动争议的解决途径有哪些吗?

发放完100份问卷后,请在收到的问卷中,做出统计,并针对大家对《劳动法》和《劳动合同法》的了解情况加以分析。

 课后练习

1.请大家参照《劳动法》和《劳动合同法》规定,拟订一份劳动合同。

2.当身边的朋友遇到被拖欠工资的情况,你会给他们哪些建议呢?

3.作为即将成为职场新人的你,你认为应具备哪些方面的基本法律意识?

附　录

高职院校开展劳动教育清单

类别	任务群	劳动项目	实施建议	成果评价要求
日常生活劳动	家务劳动	美好"食"光	选择1—2道菜进行烹饪,通过视频记录食材购买、食材加工、食材烹饪、营养搭配等	熟练掌握1—2道菜的烹饪技能,力求达到色香味形器营养俱佳,并提交烹饪过程视频
		家居焕"颜"	运用相关知识或技巧对生活环境进行美化。如对寝室、房间、教室进行美化设计、并动手改造	熟练掌握环境创设技巧,最终提交美化过程短视频和美化设计完成前后的对比图片
		雅趣生活	选择学习茶艺、花艺、甜品烘焙、咖啡制作等一种技能	熟练掌握所选技能,最终提交制作过程的短视频和作品照片
		巧思收纳	系统收纳物品,如科学合理规划与收纳衣柜、书柜、橱柜物品等	参加一次收纳知识讲座,熟练讲解一个收纳小技巧。提交整理装扮过程短视频和完成前后的对比图片
	校园事务劳动	低碳理念入校园	结合绿色低碳环保的时代背景,通过调查问卷,线上线下政策宣讲,知识竞赛、张贴宣传标语、组建环保社团,主题班会等形式,普及低碳环保理念	能够熟练地掌握低碳理念及国家当前的"双碳"政策,培养低碳环保观念
		低碳理念入生活	学生可在学习之余自发或经组织参与校园环保活动,如开展垃圾分类与回收利用,植树,培育绿植,倡导低碳出行,健步走等	让低碳环保理念融入到学生日常生活中,最终切实助力创建绿色环保校园、绿色环保社区、绿色环保寝室
		专业技能助低碳	结合学生所学专业,通过组建专业智囊团队,设计构建低碳环保校园的各类活动、政策建议、技术方案等	最终提交可行的技术方案,项目申报书,投诉/建议信等材料
	个人形象	塑新自我	结合自己的场合、身份、年龄等进行个人形象设计,包括服装搭配、妆容打扮、发型设计等	熟练掌握形象管理技能,并提交形象塑造前后的对比图

	"工匠精神"课程学习	完成在线课程学习	学生选修课程,如重庆智慧教育平台《重庆发展史里的匠心故事》等,了解身边匠人的故事与精神	选修完成相关课程理论学习与实践,提交学习成绩单
专业生产劳动	证书考取	考取1+X职业技能等级证书	按照学生的职业兴趣,选择学习、考取相应的1+X职业技能等级证书	按人才培养方案考取该证书,最终提交1+X职业技能等级证书扫描件
		学习、考取专业技能等级核心证书	按照专业人才培养方案,学习、考取专业职业等级核心证书	按人才培养方案考取该证书,最终提交职业技能等级证书扫描件
	专业实训专业劳动（根据授课专业进行补充）	阿里巴巴电商平台运行	按照学校组织完成相关平台直播运行	实践方案与实践成果
		学校重百超市物流配送优化	学校组织学生对接学校超市配送服务	实践方案与实践成果
		室内设计大比拼	选择户型进行设计设计装饰及空间改造	实践方案与实践成果
		结合专业补充		实践方案与实践成果
	专业实践	就业创业	结合所学专业与职业兴趣等参与各级各类职业生涯规划大赛、创新创业大赛等	提交职业生涯规划书、创业策划书等
	技术发明	改良、发明与改造	探索新技术的发明与创造,如结合自身专业,开展课外学术科技工作,发明或改良技术、方法、工具等	提交发明或改良技术、方法、工具的方案或物化成果
		新工艺的物化	结合自身专业实际开展科技发明创造,形成物化产品,并与社会、企业合作将发明予以推广	参加"挑战杯"、"大学生互联网+创新创业大赛"等专项比赛,最终提交物化成果转或比赛获奖证书

服务性劳动	专业服务劳动	专业志愿服务	充分运用自己的专业技能,开展计算机、汽车、解说、设计等校园或社会服务	实施过程的视频或服务照片
	校园社会志愿服务劳动	校园公益活动	利用劳动周、劳动月,有组织地参与校园管理服务。如校内活动志愿者、担任学生干部	最终提交服务佐证照片和志愿服务时间证明,服务时长达16小时及以上
		城市志愿服务	成为所在城市注册志愿者,参与城市志愿服务。如组织或参加当地重大赛事,活动的志愿服务、关爱老人、关爱儿童等服务	最终提交服务佐证照片和志愿服务时间证明,服务时长达16小时及以上
		红岩革命馆志愿服务	担任红岩革命馆的讲解员	提交服务过程视频或服务照片
		抗疫、救灾服务	面对重大公共卫生突发事件及重大自然灾害,主动承担相关工作,担任抗疫、救灾志愿者	提交服务过程视频或服务照片

参 考 文 献

[1]教育部职业技术教育中心研究所.劳动教育读本(高职版)[M].北京:高等教育出版社,2021.

[2]党印.职业与劳动:大学生劳动教育十讲[M].北京:人民交通出版社,2021.

[3][苏联]瓦·阿·苏霍姆林斯基.论劳动教育[M].萧勇,杜殿坤,译.长沙:湖南教育出版社,1987.

[4]刘向兵,等.新时代高校劳动教育论纲[M].北京:社会科学文献出版社,2019.

[5]徐国庆.劳动教育[M].北京:高等教育出版社,2020.

[6]潘小娴.这就是工匠精神[M].广州:广东教育出版社,2021.

[7]付守永.工匠精神国家战略行动路线图[M].北京:北京大学出版社,2018.

[8]刘俊.劳动与社会保障法学[M].北京:高等教育出版社,2017.